即学即用
法学论文
写作技巧与发表指引

李向玉 —— 著

浙江人民出版社

图书在版编目（CIP）数据

即学即用法学论文写作技巧与发表指引 / 李向玉著
. — 杭州：浙江人民出版社，2024.1
ISBN 978-7-213-11193-8

Ⅰ．①即… Ⅱ．①李… Ⅲ．①法学－论文－写作
Ⅳ．①H152.2

中国国家版本馆CIP数据核字（2023）第171299号

即学即用法学论文写作技巧与发表指引
JIXUEJIYONG FAXUELUNWEN XIEZUOJIQIAO YU FABIAOZHIYIN

李向玉　著

出版发行：浙江人民出版社（杭州市体育场路 347 号　邮编：310006）
　　　　　市场部电话：(0571) 85061682　85176516
责任编辑：潘海林
营销编辑：陈雯怡　张紫懿　陈芊如
责任校对：马　玉
责任印务：幸天骄
封面设计：天津北极光设计工作室
电脑制版：北京之江文化传媒有限公司
印　　刷：杭州钱江彩色印务有限公司
开　　本：710 毫米 × 1000 毫米　1/16　　印　　张：16
字　　数：180 千字　　　　　　　　　　插　　页：1
版　　次：2024 年 1 月第 1 版　　　　　印　　次：2024 年 1 月第 1 次印刷
书　　号：ISBN 978-7-213-11193-8
定　　价：68.00 元

不掉队，你就成功了99.9%！

说实话，写这样一本书，我其实是很忐忑的，因为等于自曝家丑。我总结自身有几点不足。第一，我工作的学校名声不算响、地位不高，用俗话来说就是"无法镇住场子"。一个规模不大的专业院校，除了地域上占点优势外，能拿得出手的成果又大都涉及保密纪律，无法把"牛"吹到纸上。第二，我也算得上一把年纪了，至今距博士生导师还有一段距离，以前在中部某省属重点高校是硕士生导师，带过十几个硕士。他们毕业后大多到国内外名校继续攻读博士学位，算是我的一点成绩。第三，我无职无权，目前为止从事的最高的行政岗位，也就是个系主任。第四，我自认学术能力欠佳，没有在《中国社会科学》等极具学术分量的刊物上发表过文章，也没有主持过国家重大社科基金项目，从业多年来，在学术上的一点成绩就是在核心期刊上发表过近20篇文章，主持了13项省部级课题而已。

不过，十几年高校的工作经历让我明白了一个简单的道理：太过成功的"大咖"虽然站位高，学术格局和理论框架让人仰望，其学术讲座听起来也让人热血沸腾，但如果你遵循他的教诲，真正实践起来，可操作性却并不见得有多强。这是因为，成功总是别人的，自己奋斗的科研之路还是"打鸡血式"的泥泞小道。所以这就是为什么我们听完讲座，激情澎湃过后，原本不会的还是不会，依然在痛苦中再次放弃的原因。所以说，多数深陷痛苦之中的研究者迫切需要的是可复制的经验，而并非看起来高大上、让人眼晕的宝典，要的是一看就懂、一学就会、即学即用式的指引，"依着葫芦马上就能画出个瓢"。

学术无法速成，但学术写作与课题论证的过程却有规律可循，只要我们细心观察，总能发现其中的奥秘所在。现今，你无论是在学术圈生存，还是攻读学位，都离不开论文的写作与发表，哪怕有一天你离开了这个圈子，文章的写作能力仍是个人职场顺畅与否的重要衡量因素。因此，如果要确保在学术道路上不掉队或在掉队后能及时赶上来，在量化考核的标准下，我们就要有拿得出手的教学和科研成果，就必须要具备"画瓢"的能力。

但不同的高校，要的这个"瓢"也不一样。在大多数情况下，不同的人都需要为能阶段性"躺平"而努力！在人生的每一个关键点，尤其是在高校系统，如果我们能在职称晋升及攻读博士学位的重要环节不掉队，就成功了99.9%！

在现实工作中，如果将日常工作、教学与研究相对分离，我们发现这往往事倍功半，致使学术上很难有大的起色，影响到自己职业的长远发展。所以如何在三者之间找到平衡点，让写作有效融入工作之中，是值得我们深入思考的问题。为此，我的一些个人经历或许能对迷茫中的青年学子有所启发。

　　20年前刚上大学时，我的梦很小，只希望大学毕业后能回到老家所在的县城，成为一名城里人，让父母觉得脸上有光。后来，我在硬着头皮往前冲的人生旅程中，幸运地考上了研究生，毕业后在我国高校规模急速扩张的情形下得以进入高校教书，但低工资的困境又把我逼向市场讨生活。再后来，在短暂解决经济问题后，借助博士招生政策改革的机会，我考取了公费的博士研究生，又顺利做了博士后。出站后，我从西南辗转中南再到如今定居华南，一路走来，感触最深的就是，做任何事情都不能掉队，跟着大部队走，到最后总能有所收获。

　　在高校拿学位的阶段，我们要能做到学术就是生活，生活就是学术，二者保持不相分离就是最好的状态。无论你是否反感，在高校系统内，学术都是衡量个人价值的一把尺子，相比于行政路线的晋升，只要掌握对的方法，在相对宽松自由的研究环境下，个人的命运还真的就取决于个人的努力程度。

　　学生时代高质量的学术训练，同样能让工作后的我们受益良多。在汇报、检查、评比逐渐成为常态的当今各行业，文字能力的高低让我们毕业之后的路在较短的时间内就拉开了差距。比如在地市级机关，发现问题、总结提炼问题的能力是办公室人员的基本功；在一线特殊的行政单位，文字工作多半就是临时性的急活，三点下发的通知六点就要材料，如果平时不留心收集，能不能在短时间内提交，即使是拼凑性的东西，恐怕也要打个问号！而能在规定的时限内完成任务，对我们个人而言，是压力但更多的也是难得的机遇。

　　等我们磕磕绊绊地工作若干年后，再回想起本科、硕士阶段的写作训练，估计多半都会埋怨导师为什么当时不对我们更狠一些——那样我们的事业或许会更顺利。那时人生中遇到的贵人，也多是对我们要求严格，时刻警醒我们的人。正是在我们看不清前面的道路时，他们为我们指引着前进的方向。

如今，在教育部对本科毕业论文的质量严格要求后，硕士中存在的问题又不断在本科生中上演，随着省属高校成为硕士生招生的主力军，硕士论文与本科论文等新旧问题叠加，让省属高校教师成为最难受的群体。

因此，无论身在哪一行，不掉队，通过文字写作提升自己的职业能力，不管是在高校还是其他领域，都有着相同的适用法则。

关键环节不掉队，你就成功了99.9%！

目录

第三章　能让老爸老妈帮我找论文资料吗

第四章　把前浪拍在沙滩上全靠这点硬货（创新）

第一章

一位高产"牛人"的独家揭秘

选择好的选题是写论文的重要前提，但什么是好的选题，判断的标准又是什么，确定好选题的具体路径有哪些？连续的灵魂三问仿佛武林高手领悟武功绝学。在论文写作中，选题的敲定看似毫无章法，其实仍有一定的规律可以遵循。

01　一天实务没做过，论文就真的没法写？

论文写什么？选什么样的题目，这是让不少人都感到痛苦的事情，在论文的撰写开始之前，不管会不会写，我们都要先解决写什么的难题。高校的专业在多数情况下都对应社会上的一个行业，而当下的论文写作与发表也多半服务于社会实践，除纯理论性的研究外，选题是否有价值会受到社会需求的制约，无论你是否愿意，最终的学术成果都要接受社会的检验。

从另外一个方面来说，论文的写作与实务又不能绝对画等号，论文的思路来源于实务但高于实务，既要回答实务中遇到的难题，又要回应学术增量对理论的贡献。

所以，论文的写作与作者是否具备实务经验有一定的关联，但不能说没有从事过实务工作就一定写不出论文。

论文的写作有固定的格式和套路，对理论有一定的要求。近年来，许多行业的年终考核或晋级都对论文发表做了规定，如法官或检察官在晋升方面都有论文指标的考量。按理说，法官和检察官们从事了那么多年实务工作，应该是最会和最能写论文的，但实际情况不是我们想象的那样。这个群体也需要从单纯的实务中跳出来，考虑理论需要回应的问题，通过实务方面的总结推动理论的发展。

一、论文离不开实务个案或调研获取的个案资料

在人文社会科学的专业教学中，高校多强调展开案例教学，在课堂的讲授中通过相应案例的引用和讨论展示出来，培养学生以专业的眼光去判断和分析问题的能力。高校教师承担着知识生产和服务社会的任务，并非单纯地做教学工作。本科生面临就业的压力，在知识点密集的背景下，高校教学中的案例教学法能引导学生关注社会实践，学以致用，通过教师在课堂上的引导，深入思考与本专业相关的社会问题可如何解决。

写作训练应在大学生们进入一年级就加强培养，实务中鲜活的专业个案，可将学生与将来的就业紧密地联系起来，教师也可从课堂讨论中得到一定的启发，从而增强教学的效果。近年来，实证研究成为不少学科论文的主要研究方法，其在解决论文写作资料欠缺的同时，也让学术走出了象牙塔，实际是满足了社会对学术的需求。

近年来，随着高校教师博士化进程的不断推动，很多高校的青年教师群体中博士的比例大大增加，课堂教学中新的教学方法和教学手段也不断更新换代，这让各高校的本科教学质量也得以相应提升。但不可否认的是，智能手机普及后，课堂教学面临的压力日益加大，在案例教学法的推行中，个别学生除对个案关注以外，对于知识点的掌握程度远远达不到教学的要求。

受职称评定中教学质量考核环节的影响，青年教师很难对学生严格要求。但从另一方面来说，青年教师承担较多的授课任务，理论多于实践，以知识点为基础对个案进行分析，高标准严要求，可让有志于学术的本科生得到较好的锻炼。如此，经过四年大学的课堂学习和外部学习的氛围熏陶，他们基本上都能学会获取、查找和分析个案的技巧。

二、论文绝不是单纯来源于实务个案的堆砌

实务个案当然有其自身的价值，但论文写作中能用到的实务个案与单纯的一般个案有明显的区别。同时，如果我们不加分析地将任何个案都当成写作的素材，对于论文的写作和价值都没有好处。

基于研究方法或观察视角的不同，论文的写法差别也比较大，以法学论文选题为例，有学者对法官、检察官的员额制选任有较高的兴趣，就此展开实证研究，创作了一篇名为《员额法官遴选机制改革实证研究：以A省为样板》的论文，用实证研究揭示了A省法院构建了"笔试测评+素能考核+民主评议"三位一体的遴选机制，促进了法官遴选机制的革新，具有相当程度的科学性、民主性，基本实现了员额制改革所预设的目标。对于员额制改革存在的遴选政策地方化与差别化；遴选指标指向不一致，民主测评方案的非充分性以及遴选程序头重脚轻等实证中发现的问题，这位学者也提出了针对性的对策建议：未来应进一步增强遴选政策的统一性、遴选标准的协调性以及遴选程序的科学性。

在论文写作中，如果我们将多个个案逐一全部展示，论文的学术价值就会大打折扣，学术所要呈现的重点是"论"，所以不能将个案完全铺摊子似的铺开，要明白，论文的学术增量是学术的唯一标准。

三、论文的题目选择来自于实务个案又要高于实务

作者在选题成形过程中的种种思考与作者的生活、实习或工作经历都有一定的关联性。多数人不可能贸然去选择陌生的论文题目或突然冒出个想法就付诸实施。多数"奇思妙想"都是源于生活又高于生活，是在诸多处理得不太顺利的事情中产生的。可写的论文很多，但

关键在于我们自己能写得出来，有话可说。这其实就是要从我们自己经历的事情中提炼总结。要知道，能让我们自己总结出经验或上升到理论高度去探讨的，肯定是难办的，让人不开心、纠结乃至痛苦的事情。

硕士毕业后，我入职贵州一所高校，当时工资低得可怜，无奈之下，只好到一家律师事务所做兼职。在案件代理过程中，我遇到一些牵涉法律条文的非常复杂的司法个案，每一个都需要大量检索现有的法律、法规和政策，甚至要去查询一些行业的主管部门颁布的规范性文件。这样，一件难办的案件通常要一到两年才能完结。在长时间的历练中，我对法律条文和司法政策乃至一些法律的观点逐渐清晰起来，形成了自己的思想体系，再加上大量案件的检索素材，在撰写相应的论文时，就能快速成稿。

社会学对于个案有清晰的认识，一个个案无法撑起论文的主要观点。进入互联网社会后，原本普通的一件事情，也有可能经过网络的传播和信息不明网民的评论持续发酵，容易让人焦虑。自媒体兴起后，网络暴力事件也不断出现。所以我们对个案采取选择的重视方式是合理的，不能陷入无端的焦虑之中，学术研究中的选题要来自实务个案更要高于实务个案，要跳出个案看个案，能否推动理论的发展永远是第一位的选择。

四、天天做实务也不会写论文，这是为什么

有人认为自己没有做过实务所以写不出论文，却没想到天天做实务的"老江湖"们更是典型的能干不能写。会说不会写与会干不会写一样，都是实实在在的尴尬。有的老师就会自嘲：一做实务生龙活虎，一

写论文垂头丧气，难道自己真的入错了行？

其实，我们如果细心阅读期刊论文就会发现，多数普通期刊上发表的论文与作者的工作都有较强的关联性。选题的普遍原则是：自己没有经历的事情、没有与论文主题相关的学术背景、拿不到材料的主题、没办法去体验感受的选题，这些都不要轻易去碰。另一方面，繁忙工作中的大小事务其实有不少经验需要总结，一些反复出现的问题，更需要我们在理论方面取得突破。

天天做实务工作没什么怕苦怕累的，但我们不能把自己当成流水线上的螺丝钉，一定要在工作中思考难办的、深层次的、有共性的问题。而对于实务工作中难办的事，要及时查找相关的处理依据，对于有争议的难题，还要查阅最新理论方面的探讨成果，在解决实务问题中提升理论水平。越是难办的事情，越是需要各部门协调处理的事情，背后就越是潜藏着亟须突破的理论难题。

举一个简单的例子，一个基层派出所的日常工作，就常常面临着不少理论困局，如对管制刀具的认定、涉黄治安案件中对养生馆的管理、娱乐场所中对酒吧的管理和分类、智感安防小区的推进困境、最小应急单元的划分、反诈宣传中的滴灌和漫灌、群防群治的奖惩机制构建、维稳机制的长效管理、个人极端防控与重点人员认定、食药环打击、出租屋精准管理、流动人口底数排查梳理、驻所调解、单位内保……这些工作常常就是管理与处罚职责并行，行政处罚与刑事打击叠加。

在人口流动加快的大背景下，之前原本不是很难办的事情，随时都有被放大的可能。同时，在放管服改革的推进下，政策之间的衔接如果不能同步推进，就会导致社会管理与服务的难度成倍增大。如果法律工作者们做实务时能不断深入思考这些问题，那么论文的写作就不是什么难事。实际上，在许多省级政府机关内，不少科室办公人员都是实务型理论高手，随时能以理论指导基层实践中出现的各种难题。

02 毕业多年，你的论文选题不能再靠导师了

近年来，在内卷化的影响下，研究生学历越来越不值钱的论调不断被提起。到底是知识无用还是学艺不精，普通群众中没有人会去琢磨这些问题。时至今日，我始终认为，研究生阶段是一名学生人生最重要的阶段，从本科阶段的"无人管"到硕士阶段的团队化作战，有着不同的人生分界线。不管硕士毕业去送外卖还是进卷烟厂，在研究生阶段经过真正学术训练的这批人，不可能永远处在产业的最底端，而高学历人员的进驻反倒会让该行业发展更快。

对于各位研究生来说，毕业多年后，当论文选题不能再靠导师把关，在初步敲定选题时，至少在政策、法规、社会需求等几个方面需要反复考虑。结合我个人多年申报课题和论文写作的经验，选题是否有价值，从发表的角度来看，围绕国家需要是个必选项。

对于这一点，有不少学者持反对意见，认为学术研究不能被现实牵着鼻子走。但反过来看，如果我们的所学不能为学校、国家，更不能为社会服务，那我们研究的价值是不是该大打折扣呢？不少教授从来不申报课题，只靠发表论文拿科研奖励就足矣，而刚入职的博士，如果没有获批高级别的课题，想在高校立足都成问题。所以，抛开指挥棒极端化的倾向思考，如果我们的所学能与国家建设结合起来，能够实实在在地用知识改变现实，不是更有意义吗？

高校有服务地方、培养人才、知识生产三大使命，哪一项都要保质保量完成任务。不仅仅是文科，理工科更要围绕国家重大建设需求做研究，地质、石油、建筑、设计等专业无不如此。所以我们兴趣归兴趣，工作归工作，一些科研工作仍要根据国家的需要来完成。

选题要想具有高度的社会意义和现实意义，基本上都要围绕着国家需要进行。选定的题目一定要放在国家层面来考虑，国家需要本学科解决什么问题就研究什么问题，一定要不断反问自己，我们的知识能为国家的难题提供什么样的解决办法？学科与学科之间是否有冲突？然后在此过程中不断校正，凝练出最终的题目。

那么，选题需要从哪里挖掘呢？

一、政府文件

提到中央层面的政府文件，想必多数人都不陌生。可能有人会说，道理都懂，问题在于我就是不知道怎么做。政府文件的价值，相信从事人文社科研究的学者都能认识到它的重要性。我们如何从政府文件当中，找到并确定我们要研究的选题，这一点非常重要。

如果你把某一个选题跟你的学科结合起来，一定要从政府文件中检索一下，或者做好详细的统计，看看具体是哪些政府文件提到了你的学科，要做的选题，具体的研究方向，国家层面的需求到底是什么，一定要把它们的关联想清楚。

可以毫不夸张地说，我们想要发表高水平的论文和申报国家社科基金努力的方向是一样的，从选题到最后确定题目，这一反复修改的过程，也就是不断地看政府文件，并慢慢消化吸收大大小小会议文件精神的过程。

二、领导讲话

领导人的讲话，多数人都不会陌生，国家领导人的讲话更是要全面贯彻执行。在政府部门，如果不落实中央精神，是不讲政治的体现。国家领导人的讲话体现在论文选题中，表达的观点就需要非常明确，每年的国家社科基金课题指南中都有此类题目，有些学科的权威期刊论文题目直接就是某某的研究、某某思想的研究。

对于某些文科专业而言，一些论文的选题就是在领导讲话结束后如何阐述论证，领导只提一个大致的想法，学界就要从理论上去论证讲话的正确性或提出具体的实施方案，政府部门则负责落实。

论文的研究就是一个个人自省的过程，要不停地思考、体会和琢磨，国家层面的政策在实际工作中如何实施，国家领导人的讲话如何在政策实施中体现出来，都要深入思考。

我们换个角度考虑，领导走得远看得多，大量信息到他这里进行汇总综合，其大局观和整体性远非他人可比。不同层次的人接触到的事物不同，看到的资料不一样，对一件事的判断天然地就把人与人之间的距离拉开了。

人文法律社科研究，往往是我们想看的资料看不到，想用的数据没有人会直接给我们，除非有直属或分管领导发话，否则很难拿到想要的资料。政府部门没有配合研究人员工作的义务，在追责常态化的背景下，我们只能穷尽各种手段搜集想要的资料，而且多半只能从公开的资料中去甄别、挑选，耗费的时间及精力可想而知。学术研究要想获得实务部门的认可，还要站在领导那样的高度去考虑问题，写出来的文章更要体现较高的水平，难度可想而知。

但试想一下，哪个行业又不是如此呢？领导只提简单的想法，剩下的都是你的事，如何执行，考验的是一个人的综合能力。我有一个刚进行政部门不到两年的学生说，他给领导写过的讲话稿中级别最高的是省部级领导，自己真是还没当过科长，就先当上省长！但能写出来，方法还是同样的方法，关注别人的职位对应的领域。

没有看文件的权限，再不从领导讲话这些公开资料中获取线索，关注《人民日报》等权威的媒体，难道真的全靠猜测吗？

讲政治、读政策，不仅仅从事学术研究需要这样做，从事企业经营更需要关注国家政策。没有一定的政治敏锐性，不懂得解读政策文件，企业就不可能成为百年老店。比如教育领域的"双减"，房地产行业的"房住不炒"，早在几年前领导讲话中就提到，一些企业及时调整经营方案，而视而不见的企业最后损失惨重。

三、实践调查

论文的选题来源于实践，从国家社科基金立项的情况来看，基本上每年都有一些从事某项具体工作的，特别是有大量前期成果的学者被国家机构委托立项课题。这些课题容易立项，是因为他看的资料比一般人多，数据比较新，所以在这一点上，有机会我们一定要抓住。从论文发表的角度来看，此类选题关注度高，能较好地满足国家需要和社会需求。

四、顶尖会议

此类会议我们一定要重视，比如中国某某学会的年会等，会议的论文集一般都是学者最新的研究成果，在会议中，行业翘楚或某行业部委领导的主旨发言万万不可错过。

疫情期间，线上会议逐渐成为常态，作者们可同时参加多场学术会议，可以有选择地听感兴趣的话题，还可以在遵循学术规范的前提下用录屏的方式反复收听，大大方便了学界。在学有余力或经费有保障的情况下，我们还可以跨专业参加学术会议，就自己关心的问题，参考不同学科的意见，让自己的选题更加丰富，让论文的论证更加完善。

五、"大咖"著述

在做论文选题时，如果拿不准具体的方向，可以把本学科冠名中国某某学会会长、副会长和秘书长近三年独立创作的论文下载后认真学习。行业领头羊们站得高，信息获取渠道超出一般的学者，无论是否愿意，这些学者的东西你就得看。

当投稿到高级别期刊时，如果别人对此问题早有深入研究，你不关注已有的研究成果，论证又不严密，观点有待商榷，外审论文的命运就可想而知了。"吾爱吾师，吾更爱真理"，反过来讲，在学术研究领域对真理和老师应该是同样热爱。

处处留意皆学问，就如何尊师，有学者就对比过中西方的不同点。研究认为，在西方国家，某学者学术产出不足时，很快就被人忘掉，而在中国即使某学者没有学术产出，受儒家传统影响，大家讲究师门传承，仍然会尊敬学术前辈。

抛开学术真理和论证，在近几十年的学术研究中，不和谐现象也时有发生。说句题外话，不要认为水平越高的人越豁达，豁达的人其实远比我们想象的少得多，好面子、讲场面几乎是某些"大咖"的通病。所以还是那句话，不要在关键时刻忘了专家，也不可小瞧专家，因小失大的事情切记不要发生在自己身上，多看多写总归不是坏事。

03 论文选题困惑时，不妨先看看近年的国家社科基金立项信息

当论文选题拿不准或面临困惑时，我们不妨把最近几年的国家社科基金立项罗列出来，用心慢慢琢磨课题中标者的思路。同一关键词在不同的学科都有立项时，我们更要反复体会中标者如何在精细化的学科分类中用词。当我们能感悟到自己的想法时，就会发出这样的感慨：再也没有比国家社科基金立项题目更好的选题了！

国家社科基金立项的题目，不少中标者都是花小半年的时间在优化调整。在全国性竞争中能立项相当不易，可以毫不夸张地说，项目申请人对题目的凝练字斟句酌，基本达到"增之一分则太长，减之一分则太短；着粉则太白，施朱则太赤"的程度。

因此，论文选题论证，是一次个人综合能力的大比拼，即使选题初步拟定，后期仍要不断反复论证校验。我们要用申报国家课题的心态去做论文选题，要明白拿着国家课题的成果才容易在核心期刊发表论文。

通常而言，有以下几种常用的方法可以用来敲定选题。

一、不把期刊用稿选题当成自己最后确定的选题

有的学者申报项目或向期刊投稿，完全以课题指南或期刊用稿选题为准，不改动选题指南中的任何一个字，这种机械的做法其实会导致课题立项难度加大。如果有时间，我们可以详细对照一下每年国家社科基

金指南与最后立项的题目，能立项的课题都是围绕申报者条件完美打造过的。除非指南中明确不能调整，否则我们一般都可以围绕指南中的选题做文章，在指南的基础上优化，结合自身基础灵活修改。

同样的道理，围绕期刊用稿选题来确定选题方向时，我们更不能把期刊用稿选题当成自己最后确定的论文题目。不调整优化，就会出现"撞车"问题，有老师形象地打过比方：项目指南是肉，标题是红烧肉。标题绝对不是作为原料的肉，而是作为成品，可直接食用的肉制品。

二、把关键词放在立项数据库里检索甄别

选题初定后，我们可以把选定的关键词放在立项数据库或中国知网中检索，集中检索是最有效的一种方法，能确定自己的选题有多少人在研究，感知选题相关研究的深度和广度到底是个什么状态。

同时，把所有跟关键词相关的选题找到之后，我们可以在这些选题的基础之上进行加工创作和优化，把自己的研究方向嵌入进去，突出和确定自己的项目申报或论文选题的创新性。不经过这一步操作，论文写作就无异于盲人摸象，课题申请如同"裸奔"。

三、区域+主题原则确定选题

当下的论文发表压力最大的群体应该是省属重点高校的老师。参加工作之后，大家应该都有这样一种体会，无论你学的什么样的学科，到了地方高校之后，所有的问题都会地方化——无论是论文写作还是课题申报，在学术研究过程中，或多或少都要围绕地方特色展开，不能忘记区域所在地的特殊性。

每所高校都有自己的强项，也有自己弱的地方。国家课题立项或核心论文发表较多的也是这些强势学科，或者靠近这些学科的研究方向。除非你实力超强，否则单独闯出新方向的难度非常大。地方性是不少地方学校立足的根本，有兴趣时可以看看历年立项的国家课题，特别是民族类和社会学类，多数研究的问题都是以地方特殊性和国家需要结合展开的。

道理都是相通的，论文写作与发表同样如此，集中优势资源发展壮大自己，在"双一流"建设中，优势学科的超常发展更是如此，科研工作如果不围绕优势学科，在校内就难以获取资源支持。

四、老问题与新问题结合选题

大家在做选题或者看文献的时候，应该还有这种体会，即忽然有一天思考："我研究的价值在哪里呢？我想研究的，别人都研究过了，我没有研究的，基本上算得上冷门，别人也没有研究，我的研究能有什么价值？"

不少选题都是在理论上对实践进行反思，从整体上看，一些要做的研究是一个老问题，但蕴含的新问题又是什么呢？需要继续往前推进。这样的选题，实际上是老问题与新问题结合起来的探讨，呈现的是深入思考后总结的精华。比如改革开放40周年、中华人民共和国成立70周年、中国共产党成立100周年，在这三个时间节点上，党和国家的经验是什么，有哪些是需要提炼总结的？我们选择此类题目，就是在分析总结不同时间节点上的经验得失，挖掘它的价值，将它与新问题、新方法和新资料结合时，特色就能凸显出来。

五、新问题与交叉学科结合选题

交叉学科在申报国家社科基金或文章发表时很有优势，但有利必有弊，缺点也很明显。我们如果能整合论证好，选题的优势就能发挥出来；如果论证不好，论文发表的风险就非常大。所以在选择申报学科的时候，一定要与新问题相结合，这样能凸显我们拟申报学科的必要性。

还有一点，我们看文献时不妨把本专业期刊从国内看到国外，顺着关键词把非本专业的也看看，一边看一边做笔记。要知道，对新问题的解决本身就需要综合性的学科知识，无论论文写作还是课题申报，多接触不同的领域，能明显降低风险。

多学科论证思路广，角度比较新颖独特，文章往往容易发表。但课题申报的时候，过于新奇的选题风险就比较大。在当前激烈的论文发表市场，风险与机遇是并存的。

六、将国家战略与新问题结合选题

将国家战略与新问题结合选题风险最小，但缺点也很明显，容易与行业专家的选题"撞车"，你能想到的他人同样可以想到。如果仔细对比关注度较高的国家课题，我们就会发现，新颖的选题在国家项目中仍然占主流。教育部课题与国家社科基金不让同时申报后，不少人感到高兴，都觉得申报教育部课题的人肯定会大幅减少。而在教育部课题排名中，不少双非院校（指非一流大学建设高校和非一流学科建设高校，即双非一流）名次上升比较快，于是这些高校的领导们也开始沾沾自喜。

对此，某省社科研究人员清醒地指出："985高校甚至有一级博士点的省级高校都不会把教育部课题列入考核体系，干与不干区别不大，因此，除重大攻关项目外，一般稍有学术底蕴的学者，都不会考虑这个项目，只有中西部地区的高校，还在尽全力应报尽报教育部课题，田忌赛马，上等马对人家的三等马，当然就是这个结局。知名高校学者不怎么积极申报，我们立项数多了些，是应该鼓励和肯定的，但要是一再突出和强调我们某单位与北京大学一样的立项数，确实就有点'阿Q'了。"

在多数排名200名以前的高校，评个副教授都要有国家课题，在"双一流"高校内，博士后出站与新进人员3+3入编考核都要有国家课题，申报难度能不大吗？自"双一流"建设启动以来，从每年公布的立项课题信息我们可以看到，呈现的结果仍然是强者恒强弱者恒弱，不可能出现大的变数。对双非院校科研人员来说，以不变应万变才是根本，如果不求新求异，将国家战略、新问题与自身研究基础结合选题，在强手如云的国家课题申报和论文发表环节，胜出的难度将成倍增加。

在申报各类科研项目时，也是要分等级和层次的，我们应该根据各自的研究实力和功底申报：刚入职的博士以省部级项目为主，立过省部级课题的要以国家项目为主，有国家级项目的以国家重点为主，有数个国家项目的以重大项目为主。总不能一个已获数项国家级项目的博导，还去和一帮小年轻争省部级项目吧？论文的发表同样如此，要适当冲击一些有一定分量的刊物，不能只盯着本校学报投稿。

七、围绕研究者的研究基础优化

国家课题的申报，一个非常重要的原则就是不要脱离申请者的研究基础。科研基础太重要了，无论你是青年项目、一般项目还是重点项目，都要以研究基础为原则。在国家社科基金项目申报评审时，如果是青年项目，研究基础默认是有几篇CSSCI刊。一般项目，起码要有七八篇

CSSCI论文，还要主持过相当级别的省部级课题，要不然在会评阶段，和真正的高手过招时就容易败下阵来。

有人可能会说，我申报的这个项目，在国家课题指南中是社会学，但我的专业是体育学，那能不能申报社会学？对于这种情况，如果你有过自己的研究，有跟指南选题密切相关的论著，有与社会学或相近学科的关联性成果，就可以大胆申报。反之，你如果非要申报社会学的选题，但体育学科的话语体系与社会学确实相差太远，外行说内行的话，自己看着都别扭，申报的结果就可想而知了。

如果我们自己成果一堆，报选题时仍然不知道怎么选择，这种情况最简单，把自己所有发表过的重要论文打印出来，仔细认真地看完后，就会有一个清晰的判断，自己究竟对哪一个领域最擅长，然后把最擅长的凝练成一个关键词，放到指南里面检索，答案就一目了然了。

选题初步确定后，我们可以把自己的前期成果嵌入进去分析对比，在研究基础之上，将指南的选题适当进行调整优化，最终实现由关键词、拟定选题到最后敲定选题。这一步是整个选题中最为关键的环节，突破既有选题的条条框框，要建立在大量阅读的基础上，更要有自己对新旧问题对比分析的准确把握。

八、论文或课题完成后再不断反问自己

在课题论证过程中，我们一定要不断地反问自己几个问题——所有该看的资料看完了吗？拟定的选题潜在的竞争对手在哪里？自己的前期成果能够支撑吗？自己的理论有创新吗？在实践层面，能满足国家需要吗？研究的难点重点是否清晰明确？这样的课题立项之后，我们能够把它结项吗？

如果没有对以上问题的深刻反问，没有不断地优化自己的选题，那么这样的课题即使成功立项，想要完成它也是非常痛苦的过程。课题申报书或论文的初稿写完之后，我们一定要及时与人多交流，拿给自己身边的亲戚朋友看看，让他们帮忙挑挑毛病，甚至可以给非本专业的人看，从他人的学科视角给我们提一些"致命性"的问题，最好是能有让人面红耳赤、落荒而逃的那种效果。这种致命性的打击，能让人获得充分警示。以此为契机，我们就可不断优化论文或课题申报书，直到最后定稿。初稿完成后，我们也可以反复思考上述"创新"性的核心问题，最好能从实务和理论两个角度不停地进行反思，相信经过几次打击后，一定会有前所未有的收获！

04　选题时万万不可忘了本单位可便捷获取的资源

　　无论是论文还是课题的选题都与资料的整理程度相关，论文的选题初步确定之前，我们必须花时间对现有资料反复进行梳理，对查找的文献进行认真地摘抄检视。在学术研究中，天上永远不可能会掉馅饼，不可能轻易就有好的选题摆在你面前。

　　学术的地方化与国际化，是学术研究中永远绕不过去的两个环节。无论你同意与否，进入高校的硕博士群体，只要从事学术研究，研究范围的大概率会地方化。因此，第一时间弄明白地方有什么资源非常重要，不是我们专业学的什么就必须要研究什么，有些研究若与学校性质关联不大，很难取得学校的支持。所以在考虑选题时，我们要将个人研究与学校资源及区域紧密结合，在不断消化现有资料的基础上，将地方资源充分挖掘出来，最终形成自己的特色选题。

一、学校的名字体现了学校的潜在资源

　　有一句俗语："到什么山头就唱什么歌。"意思就是告诉人们：不会唱也要慢慢学着唱。如果我们供职于一所师范院校，毫无疑问，研究的选题应优先偏向教育学、教学方法、心理学等方向。以某"双一流"师范大学为例，他们传统的强势学科是历史，那么历史专业的博士如果进了教育学院，除了负责本专业的常规教学以外，研究方向恐怕就要转

向教育史、高校史，如果还是死守原来的专业，要么成果不被认可，要么逐渐被边缘化，都不利于自己成长。

再比如某"双一流"民族大学法学院，重点研究和博士点方向的突破都是从民族法学起步。学校分院对民族地区发生的新问题也格外关注，经济学偏向民族经济学、政治学偏向民族政治学……

我现在工作的公安行业类高校，研究方向必然是"全校皆警"，法学研究如果不转向以警察执法为主要研究对象，很难说自己是警校老师，恐怕学科都会被边缘化了。

所以说，如果不结合实际情况，研究做得再好，对学校及个人而言也没有任何意义，对外影响力小，对内影响力全无。会布局谋篇的领导及团队自然会形成以下方向：学历史的围绕警察史、学思政的围绕警察思想教育、学心理学的围绕警察心理、学外语的围绕执法应用语言，学语言学的围绕黑话与行话展开。个人的成长与单位的成长一定要适时结合，将个人研究与院校研究系统结合，加上对前沿问题的判断，慢慢形成自己的研究选题。

二、学校的地域优势是选题天然的宝贵资源

高等院校承担着在精神文明上服务地方的责任，如果对地方没有贡献，说话自然没底气，学校的发展也会受到影响。所以要想争取地方的支持，高校就必须将自己的智力资源与区域经济发展有条件地结合起来。所以说，地域优势也是学术研究的无形资源，从这一点来说，论文发表与课题申报的选择，地域性是成功与否的重要因素。

以华中地区某大学为例，有辛亥武昌首义的历史资源优势，历史学科对辛亥革命的研究可以说负有天然的使命，多年来随着研究的深入不

断延伸出更为精细化的领域；在西南地区，一些高校以地方丰富的契约资源展开，逐渐在该领域拥有话语权，不同学科的研究人员从历史、法学、语言、社会、政治等切入，将研究选题不断扩大，使原本默默无名的地方性高校也顺利地拿到了国家社科基金重大项目。

近年来，一些民族地区借助区域自然资源，大力发展旅游业，区域内的高校顺势新开设了旅游、酒店管理、经济管理等专业。那么，如果学校的教师们围绕这些问题展开研究，两者的发展或许就都能得到较大的提升。高校毕业生能否顺利留在属地，与当地的相关产业发展密切相关，不是单纯给点购房补贴就能解决的；反过来，地方经济发展蓬勃的区域，学生毕业后能更快融入地方，推动地方经济的发展，双方双向互动，达到双赢的效果。

以深圳为例，地方高校紧紧服务地方经济，政府更是积极支持"双一流"高校在深圳设立研究院，学术研究的科技转化率大幅提高。通常意义上所说的，到哪里上学就在哪里就业，选高校、选专业与个人前途可以在一定程度上画等号，40年前人们到深圳参加工作并创业的情形与当下学生到深圳上学后留在那里顺利就业，都是选择地域的结果。

三、学校省部级机构研究领域指引着当下的选题

立足本校优势学科选题是一个基本方向，在高等院校的研究进入团队化作战后，重点学科或重点研究方向一般都有省部级研究机构支撑。就当下而言，没有设立省部级研究机构的高校，在人财物等方面都受到较大的限制，科研方面也难有较大的起色。

改革开放40多年以来，中国的社会一直处于不断转型的特殊时期，可研究的社会问题越来越多，用我们专业的视角看问题，找到契合自身

研究领域的选题并不是什么难事。

近年来，新型智库建设兴起后，不少省部级机构承担了服务地方建设的重要责任，可争取到的国家部委的资源明显增多，学术研究向可操作和可执行方面转化，国家号召广大研究者们"把论文写在祖国大地上"，实现学术理论转化，推动国家和地方经济的发展。在这样的态势下，我们积极融入学校的省部级以上科研机构的研究团队，论文和项目就都不会有太大的问题。

四、选题可根据自己的专业适当拓宽研究方向

专业研究的方向不同，论文选题的难度也各有差异。比如法学专业的省部级课题就比中文专业多；基本上，人文法律社科几大板块中，能看得到的话题社会学似乎都可以切入；民族院校对于民族相关课题具有一定的优势；医药方面，各学科可结合民族地区丰富的药材资源展开与化学、食品结合，艺术学融入民族传统寻找突破点也早就成为常态。

在研究方面，不同方向的选题都有交叉创新的可能，比如法学与民族区域的特色资源保护结合、民族特色资源的知识产权保护都是比较好的选题方向，既服务了地方经济建设，又能发挥自己的专业特长，在校内校外两种评价体系中都能得到不错的评价。

在专业与学校现有资源结合的过程中，我们也要有一定的取舍，学会扬长避短，避免在自己的专业里"闭门造车"，变成一个纯粹的"书呆子"。退一步说，在高校可看得见的收入和非升即走的无编制夹击之下，不少高校的待遇已低于初高中学校，高中老师博士化正在形成一种新的趋势，所以知识如果转化不成财富，再高的学历也不得不向生活低头。

05 专业领域期刊的年度选题不要错过了

在论文选题方面，我们应该多关注专业领域的期刊年度选题，围绕顶尖期刊的最新年度选题开展研究，个人的学术水平大概率不会落伍。

按惯例，每年的12月之后，中央能开的会基本上都开过了，政治和经济方面最新的政策该出台的差不多都已到位。大一些的期刊编辑部通常都会组织领域内的专家论证下一年度的用稿方向，在期刊的最后一期或来年的第一期发布用稿选题计划。如果我们对目标期刊感兴趣，可以通过梳理期刊年度的总目录，结合同学科重点期刊的用稿计划，初步圈定自己感兴趣的选题。

因为长年从事期刊编辑工作，编辑们更能领会到中央领导人讲话中的学术精髓，在接触大量稿件的过程中，他们对学界在相关研究方面的趋势也有较为清晰的判断。因此，每年核心期刊的年度选题方向对作者的精准投稿而言必然是一种明确的指引，不能轻易错过。从整体看，可参考的期刊年度选题主要有以下几个层次。

一、专业领域权威期刊

专业领域的权威期刊，在形式和公平方面普遍比一般的CSSCI期刊做得要好，很多家都能做到每稿必复。比如民族类的权威期刊《民族研究》，审稿后无论录用与否，都会及时给作者回复信息，让人感受到公

25

平与公正。

记得我读硕士一年级时，初生牛犊不怕虎，向《民族研究》投稿了一篇少数民族婚姻方面的文章，当时的编辑李老师热情地回了一封长达1000多字意见的回信，让我补充调查，认真修改。那时我太年轻，压根不清楚这家期刊的分量，并没理会，现在想来，真是追悔莫及。

在不少期刊非博导、教授、国家课题论文不用时，《民族研究》仍能刊发一般本科院校老师的稿子，即使是拒稿信甚至自动回复也一定会回复给作者，这样的工作态度和办刊精神，是非常让人钦佩的。

另外一家期刊《法学研究》针对转型期的中国面临着诸多风险、任务和挑战的局面，认为需要统筹社会力量、平衡社会利益、调节社会关系、规范社会行为，使我国各项事务在深刻变革中良性发展，从而实现整个社会的公平与正义。

自2014年开始，《法学研究》编辑部在春、秋两季开展专门的论坛征稿，有代表性的征稿主题为：中国法治建设的回顾与反思，国家治理法治化，民法典编纂的前瞻性、本土性与体系性，依法治国与深化司法体制改革。上述公开征稿对一般人而言采用的可能性不大，但集中精力用半年的时间认真打磨的稿件，即使无法在权威期刊发表，在影响因子较高的CSSCI或北大核心期刊发表还是有可能的。

有些期刊还定期召开核心作者研讨会，将最新的中央精神与期刊选题结合，把期刊近期的用稿方向、研究的重点、论文选题、刊物要求现场与作者沟通。研讨会更是兼具论文辅导性质，在学界有较大的影响力。"十四五"规划出台后，《政治学研究》等期刊就召开了类似的座谈会——其实就是变相的约稿会。所以从学科发展、用稿方向等角度出发，我们应对此类会议格外关注。

政治学研究 . 2021(02) [北大核心] [CSSCI]

" ☆ ⌄ 🖨 🔔 ✎记笔记

聚焦"十四五"规划和政治学学术前沿——《政治学研究》2021年华北地区中青年作者座谈会综述

郭道久　张郁

南开大学周恩来政府管理学院

摘要： <正>2021年4月10日,由中国社会科学院政治学研究所《政治学研究》编辑部、南开大学周恩来政府管理学院、南开大学中国政府发展联合研究中心共同主办的"开局'十四五'新征程、庆祝建党100周年暨《政治学研究》2021年华北地区中青年作者座谈会"在南开大学举行。来自主办单位以及清华大学、北京大学、中国人民大学、中共中央党校(国家行政学院)、中国社会科学院大学、吉林大学、天津师范大学等高校的40余位学者参会。

专辑： 社会科学Ⅰ辑

专题： 政治学;中国政治与国际政治

分类号： D0;D61

图1-1

二、专业领域影响因子较高的CSSCI期刊

在职称评定下放各高校后，不少高校将期刊分级，增加了高级职称的评审难度。专业领域内影响因子较高的CSSCI期刊在职称评审中自然占优势，在CSSCI两年一轮的评选中，该批期刊为争取权威或提高影响因子，编辑部也最为用心，每年的选题发布和专题会议也是最积极的。在期刊竞争日益加剧的背景下，不少期刊为吸引优秀作者，多通过选稿会、选题研讨会、年度征文等方式进行，比如上海市社会科学界联合会主办主管的《探索与争鸣》每年都会举行青年论坛。其余也有不少期刊会联合发布年度征文，以此扩大并吸引优秀稿源，《西南民族大学学报》《广西民族大学学报》等期刊的年度选题对此都比较重视。

CSSCI来源期刊（2021—2022）法学（24本）

序号	期刊名称	主办单位
1	比较法研究	中国政法大学
2	当代法学	吉林大学
3	东方法学	上海市法学会、上海人民出版社
4	法律科学(西北政法大学学报)	西北政法大学
5	法商研究	中南财经政法大学
6	法学	华东政法大学
7	法学家	中国人民大学
8	法学论坛	山东省法学会
9	法学评论	武汉大学
10	法学研究	中国社会科学院法学研究所
11	法制与社会发展	吉林大学
12	国家检察官学院学报	国家检察官学院
13	行政法学研究	中国政法大学
14	华东政法大学学报	华东政法大学
15	环球法律评论	中国社会科学院法学研究所
16	清华法学	清华大学
17	现代法学	西南政法大学
18	政法论丛	山东政法学院
19	政法论坛	中国政法大学
20	政治与法律	上海社会科学院法学研究所
21	中国法律评论	法律出版社
22	中国法学	中国法学会
23	中国刑事法杂志	最高人民检察院检察理论研究所
24	中外法学	北京大学

图1-2

三、综合性人文社科CSSCI期刊

作为栏目设置较多的综合性学术期刊，每年发表的各学科论文总体偏少，在用稿方面也较为苛刻，但论文编辑的质量普遍较高。以法学栏目为例，双月刊的期刊一年也仅仅6篇左右，发稿量少，在优质稿源获取方面就面临较大的难度。不少编辑部以质取胜，下足功夫组稿，围绕地域特色打造精品栏目，通过名家主持专栏等方式吸引优秀稿件。

在年度选题方面，不少期刊围绕刊物的特色研究方向展开，取得了较好的效果。在特殊的时间节点，如中华人民共和国成立70周年、"十四五"规划和中国共产党成立100周年等，多数期刊都会有专项的选题计划。如果我们能提前充分准备，用半年的时间写篇相关的论文，顺利发表就不会是太大的问题。

区域性的期刊在地方重大问题上会加大年度用稿比重，如粤港澳大湾区建设、"双一流"建设等方面，在选题上与省市的社科规划课题指南更有一定的关联性。

如果有时间，我们有必要认真思考一下本省的社科基金都在研究什么、本省的CSSCI期刊都发表什么样的文章、期刊用稿的偏向与喜好、区域社会发展需要解决哪些重大问题，在找不到研究方向时，不妨抽出时间系统性地查阅梳理一下。作为主要发表研究本省政治、经济、文化内容的期刊，对于省内学者相对也会有一定的主场优势，只要我们能将专业领域影响因子较高的CSSCI期刊结合到自身资源上确定选题，论文发表的机会相对就会有所提高。

四、排名及口碑较好的北大核心期刊

从公平性角度来说，中国社科院系统普遍都遵守规则，围绕年度选题，有好的稿件可优先投到这个系统的高端期刊。有些核心期刊受地方性多种因素制约，稿件录用后迟迟不刊发或一年后又退稿，对于时效性较强的稿件而言，就打乱了作者的教学科研计划。因此，从选题的角度看，通过整体性的梳理后，我们投稿时应尽量选择排名及口碑较好的核心期刊或在单位认可为核心的CSSCI扩展期刊。

口碑是长期形成的，我们提前了解某些刊物存在的"坑"，就能避免"踩雷"。科研工作是个无底洞，高投入加低产出，失败的次数多了总会对我们的个人生活造成一些影响，如果在科研的关键环节遇到工作做得不到位的期刊，更会给我们对科研的积极性和个人的发展带来打击和伤害。

06 社会热点（事件），与你的专业密切关联

互联网时代，社会事件不时成为网络热点，但外行看热闹，内行看门道，如何将社会事件与自身专业结合、专业知识如何围绕社会热点事件展开论述、如何在专业的领域去搜索更多真实个案，尽可能多地收集数据和资料，这些都是互联网时代我们不得不面对的问题。如果认真梳理期刊的年度选题，我们不难发现，媒体关注的问题与学术有着直接的关联。

学术论文写作要对社会热点事件产生的背景有简单的了解，论文写作不能完全以单一的抽象个案来讨论，但有代表性的个案或类似足够多数量的个案所呈现的问题是有意义的，我们可以通过一定的学术方式，不断提炼出更深层次的问题，增加学术研究的深度，让论文能更好地反映社会问题。

一、内行看门道，热点事件背后的理论要看透

互联网社会，热点事件天天有，只要你打开手机，在算法的助推下，手机、视频能牢牢地把握你的偏向和喜好。学术研究的灵感是由事件推动的，而如何抓住乍现的灵感，快速产出学术文章，传说中的"快刀手"背后是数年如一日地坚持阅读和持续的写作锻炼。

当某顶流明星因涉嫌犯罪被拘留的网络风波突起，研究舆情的学者

早已开始研究其"粉丝"涉及的舆论管控；管理学领域则研究选星途径及造星背后的资本控制；法学则对犯罪的证据认定及辩护难点展开了论述。

互联网时代，社会公众的知情权通过相关部门的新闻通报就可初步满足，但如果缺乏专业人士的解读，民众就会产生焦虑情绪或缺乏安全感。学者可以通过电视及网络媒体采访回应热点问题，更多的则是在理论上深层次探讨热点背后的难点，如"三胎"政策、共同富裕、教育减负等政策实施前后的困境及破解。

学术研究不能完全追热点，但学术研究又不能回避热点，不能不对热点背后的问题用理论加以回应。专家不能变成"砖家"，更不能闭口当哑巴。之前我们常说理论引导实务，但当下的技术发展日益加快，实务已远远走在了理论的前沿。在不少专业类高校，一些课本已严重滞后于实践，科研与实务脱节，导致理论追不上实务的问题日渐突出。因此，透过热点事件，及时总结个案中存在的问题，提炼出实务需要回应问题理论，也是我们这些科研工作者的使命所在。

二、人口老龄化时代，人口政策该如何调整？

人口老龄化研究了多年，生育政策自党的十八大之后调整速度才开始加快，社会政策的调整政府要考虑的因素较多，学者研究单纯从学理上分析，如果拿不到核心数据，论证的难度大不说，效果也不理想。

2019年前后，"二孩"政策出台后，人口生育率没有达到理想的预期，类似的研究还在为"二孩"政策的实施作论证。有青年学者在参与媒体的讨论中论证自己该不该生"二胎"，有的还成功申报了国家社科基金，有的期刊也就此主题向一些知名学者约稿或组稿。结果，相关文章还没发表，"三胎"政策就已出台。

人口政策调整的动因与第七次人口普查数据有直接的关系，一些原本研究"二胎"的学者不得不转而研究"三胎"问题，就如何推动政策落地及配套等问题展开。同时，学术研究中，学者们面临着资料获取难的困境，而相关政府部门受内部纪律约束也很难将尚未公开的数据提供出来，两者信息难以达到共享和互通。

从最终效果来看，没有达到一定高度的研究成果自然难以受到政府部门的足够重视。但长期从事相关研究的学者，仍可通过公开的新闻报道、行业消息等现有的信息获取有用的资料。所以，我们在学术研究中需要协调平衡社会与学术的关系，更要推动理论的发展。

三、网络暴力/网络舆论/舆论监督，互联网生态下社会热点

在互联网嵌入生活日常后，似乎任何事情都可以放到网络之上，在热点事件形成前，社会舆论对其影响也日渐显现。之前朋友吵架，站在大门口就开始了，现在关系不好，首先从网上开始，在微信朋友圈就官宣了。

借助网络，一些原来难以改变的个案，引起了足够多的舆论关注，最终得以改判。一方面，网络暴力对个人的伤害远远超出了传统社会；另一方面，"水军"的参与让网络之下的事件变得日益复杂。网络催生的社会热点事件，国家司法机关也会同步跟进，对问题的探讨也会不断加深。随着国家治理的形式不断发生变化，不少高校教师通过在司法机关的挂职，能深入了解疑难个案与社会关注热点案件引发舆情后，司法机关内部对此类个案的处理方式，对社会热点事件背后的学术问题就更需要学术圈介入讨论。

比如2021年的河南暴雨，引发了人们对无网络状态下民众如何自救的反思，网络技术支撑下无现金社会如何应对极端灾害，这个问题是区域社会政府工作的重心，也是学术参与研究的介入路径。

四、从来没有速成的选题，都需要在深入思考热点事件的过程中才能形成自己的思路

论文选题在大多数情况下要与当下的社会热点结合，要思考专业知识在极端事件下能发挥什么作用。好的论文选题从来没有速成的，都是在反复地对若干事件深入思考后才能成形，好的论文选题也有因为热点事件或热点问题激发灵感的时候，从而顺利完成论文初稿的写作。

在现实生活中，有学者为照顾出身农村、生病瘫痪的母亲，专门研究养老问题，尤其对农村养老格外重视，结合自身处境的感悟也最为深刻。一晚上就完成一篇论文的时候，可别忘了他为此熬过多少个写不出字的晚上，多少个连夜看资料的日子，正是有了之前的日积月累，才有了初稿的一气呵成。

"双减"政策出台后，各行各业都受到了较大的影响。那么，从学术上我们能否加以讨论？研究职教的可以回应一下职业教育好在哪里；学外语的可以翻译介绍德国职教方面好的做法；学政治学及法学的可以讨论一下政策的突击出台问题。这些论文如果写出来，肯定好看又好发表，热点与专业有机结合，何愁论文写不出？

在复印报刊资料库中，热点词会根据论文发表的情况而变化，我们在做选题时可以辅助选择，但仍要契合一定的资料优势强化选题。比如2021年前后的选题，扶贫、"一带一路"、新时代都是热点词；2021年下半年，国家政策微调，中国外交、养老、大数据、人工智能成了后期

研究的热点。在国家哲学社会科学学术期刊数据库中，热门的关键词更有代表性，如法治中国、新常态、国家治理、网络安全等，这些当下社会的难题都需要学者不断去研究。

07　极简论文、课题成功申报九步速成法

在高校重现论文和课题的年代，编辑一般不会理没有课题的文章，而如果论文和课题皆无，恐怕很难在高校立足，对于这一点，无论我们有多反感，但规则就是规则。

以前有一个领导经常给"要自由"的老师讲他们不爱听的大实话：当你制定不了规则的时候，你只能服从规则；当你能制定规则的时候，你再修改规则！但现实是，一个适应不了规则的人，多半也没有机会去修改或制定规则。

在论文或课题进入倒计时几天时，我总会不时接到让指导或提意见的电话或微信，而同样的话我也总要反复讲上许多遍。在这里，我大致总结了自己10余年获批40多项课题的申报经验。基本上，如果我们注意或者能做到以下九步，那论文过审或课题获批的概率就能大大提高。

第一步：找准关键词。无论申报什么样的课题或写什么样的论文，有指南也好无指南也罢，都要有激发我们兴趣的点，这个关键词找准了，努力才有方向，要不然，茫茫题海，如何到达彼岸？

第二步：查找相关文章。找准关键词是万里长征的第一步，没有阅读就没有发言权，不看别人的文章就无法感知我们自己可能得到的创新点，而没有创新点的课题，报上去大概率也会失败。

第三步：检索类似课题。把拟定创新点摸清后，再回到第一步，修

正或微调关键词。之后，我们就可以把初步定下的关键词在国家社科基金、教育部课题数据库中检索，以近三年的国家社科基金重大招标课题、教育部重大招标课题为核心，不断完善拟定题目。

第四步：梳理"大咖"著述。不要把他们想得都很大度，至少部分人没怎么大气，文如其人不能在课题申报中滥用，一流的文章不能代表一流的人品。在写课题综述时，我们不点出他的大名或过多批判了他的观点，都有可能给论文的发表或课题的报送带来麻烦，永远要记住：你可以不理会一般作者，但不能不认识行业名家。

第五步：深思当年本学科热点。在顶尖期刊成了"大咖"们的集中地时，本专业学术期刊我们要常读常更新，更要知道本行业协会的年度会议论文指南或许就是当下的学科热点所在。所以，把能找的都找到，该看的都看看吧。

第六步：多关注新闻联播。我们可以不关心政治，但政治绝对不会不关心我们。新闻联播里没有废话，领导讲的话，要多用心去琢磨。如果我们能用学科的眼光去解读当下热点兼难点，这不正是响应了国家的号召吗？

第七步：放眼看看多彩世界。任何研究都不能自说自话，国外的同行们都在干什么？该关注也要关注一下，不懂英文，没有国外文献？这些都是我们想想办法就能解决的事，不然各种各样的搜索引擎是用来干什么的。

第八步：扪心自问找强项。不是别人能做的课题我们也能做，所以也不能所有的热点都往上靠。在申报前我们首先要问问自己能否结项，在钱难花、论文难发表的当下，没有必要给自己找麻烦，能驾驭得住课题，能体会学术的艰苦才是生活。

第九步：综合八步定创新。前面八步都做到以后，自己好好准备三天，把打印的资料摊开，结合自身的学术功底、时事热点、学界前沿、本校优势、框架体系，开始动笔，勇敢地将你自己最宝贵的思想火花形成文字吧！

第二章

想法 ≠ 选题，还需进一步校验

好的选题需要通过一定的方式加以验证，只有在精读核心文献的基础上对选题进行校验，才能最终判断我们拟定的选题是不是最好的选题。拟定好选题后，我们要立刻通过文献检索做选题的校验工作，从而达到以下三个方面的目的：一是尽快熟悉该领域的研究进展，扩展思路后可初步确定论文的大致框架；二是通过大量的文献阅读后，为自己的论文确定具有一定创新价值的题目；三是大致明确获取论文写作的第一手资料及后续资料的调研地点。

01 自己想写的论文别人早就写了，怎么破？

选题确定后，就进入让人又爱又恨的文献阅读阶段。不少人在看别人的论文时，总会产生这样的疑问：我想说的话，别人早都说了，我想写的别人早就写了，我还没有人家写得好，那还费什么劲呀？随后越看别人的论文越否定自己的选题，心情也越来越糟糕。但问题是，难道别人写过的论文我们真的就不能再写了吗？

一、同一选题不同研究者要完成的任务不同

同样的选题不要期望没有人选，你能想到的别人也能想到。硕士研究生一年招生过百万人，本科生每年毕业人数成百上千万，全国高校近千所，高校教师总人数也多得惊人。这么多人要毕业，老师要追求进步，学校要进"双一流"，哪有不用论文铺路的？

论文的选题从来都不是独一份，即使有这样的选题，哪怕你费九牛二虎之力写完可能也难以发表。高校不同，层次不同，有人为本科毕业，有人为硕士毕业，博士为不延期而奋斗，而高校老师是为了职称晋升或课题结项而努力写稿。论文要发表的层次也不一样，有的专科学报就行，有的则必须发表在核心或权威期刊。

同一选题不同的人都可以写，受视野和院校平台所限，也不可能所有人都站在一个层次上，分层是必然的，所以大可不必怀疑自己的能

41

力。一个学者10年前的论文再让他看，估计他自己都看不下去，博士生看本科毕业时的论文，也不大可能会开心。因此，硕士生的第一篇文章不出版面费就是水平高的表现，而本科生能付费发表就已相当厉害，高职的老师受到发文单位的限制，想在核心期刊发表论文自然是难如上蜀道。

在科研工作中，我们不要想着和太厉害的人比，只要和相同层次或学校同一年龄段的人比就可以了，凡事不掉队，坚持10年左右，达到顺利参评教授的水平就算人生成功。同一个系统，在追求进步的这条路上，别人干什么你也干什么，谋事在人，成事在天，把握住自己能做的就行，让自己在心理上接受自己。

二、同一选题不同学科要解决的问题不一样

受学科研究范围影响，同样的选题不同的学科研究也千差万别。在知网以"养老"为关键词检索，各学科发表的论文上千篇，每年200多篇，研究学科主要集中在社会学、农业经济、公共卫生与预防医学、护理、公共管理、政治学和法学等，而看似并无直接相关性的建筑科学、城乡规划与市政、历史、金融甚至哲学也都有人研究。从研究内容上看，历史学切入主要是以史料为根据，对不同时代的养老难题进行梳理，城乡规划与市政以及建筑科学则侧重于养老设施的解决。

看问题的视角不同，论文的落脚点也会有所不同。与此同时，论文写作中还存在个体差异，不同的生活经历和资料取舍，论述的侧重点也会有所不同。我们本科毕业的选题，硕士阶段可能还会继续做下去，博士阶段也有可能还没丢掉。别人写过的论文只是对当时问题的回应，核心论文发表的周期普遍在一年左右，加上资料收集、实地调查等过程，从动笔到投稿至少近半年时间。

有"双一流"高校的教授调侃自己，能轻松带好硕士、博士研究生，却对自己上小学的女儿束手无策。在"双减"政策出台前，基础教育的竞争相当残酷，新时期长大的孩子并不是那么容易对付的。"双一流"高校的硕士、博士更是经过千军万马筛选出来的，不同层次的学生多次从独木桥闯过来的，徒弟本身实力已足够强大。所以，能指导硕士和博士，还真不一定就能辅导得了小学生，龙生龙、凤生凤在新时期不一定还是百分之百正确的理论，按这几年的国家政策，能否考得上高中倒成了人生的分水岭。

"双减"政策出台后，不同层次的家长对政策的看法有所不同，网络上的神段子也比比皆是。如何实施"双减"政策，将民众对教育的期盼完全落实，不同学科看问题的视角差异自然也不会小。教育学、心理学、法学、社会学关注的点也不一样，同台打擂，就会更加精彩。可以想见，从学术上对"双减"政策讨论的文章会是一个长期的热点。

三、要找到属于自己论文最为核心的创新点

自己想写的论文别人都写了，只是停留在表面的非真实状态，等真正沉下心去读文献，我们才会找到属于自己的独特的创新点。仍以养老选题为例，早在20世纪60年代就有人研究，早期的两篇论文，一篇是法学的法制史方向，另一篇是金融方向研究。我们总不能简单看看关键词，再瞅一眼题目就摇摇头，张口就是别人研究过了，不能再写了吧？新中国成立到现在70多年，改革开放也有40多年，再信口开河，就真要脱离现代社会了。

从研究的趋势也可看出，自2008年后，在人口外流和城镇化加速推动下，养老正逐渐成为社会问题，无论城市还是农村，都面临着养老难

题如何破解的局面。在"少子化"与老龄化的叠加下，纵使贵为领导干部，身边没有人看护，生命安全恐怕也难以保障。

近10年来，国家的计生政策不断调整，可以看出从政策层面上，政府也急于解决养老问题。城市的以房养老、住房抵押、时间银行等新问题，都要法学和金融学介入讨论，随着人均寿命提高，高龄老人护理、养老设施改建、智慧养老契合、社工介入等方面都需要理论上有所突破。新问题的出现，理论要回应现实需要，这些不是单一学科就能包打天下的，都需要在梳理以往研究的基础上，各学科融合，才能将研究不断向前推进。

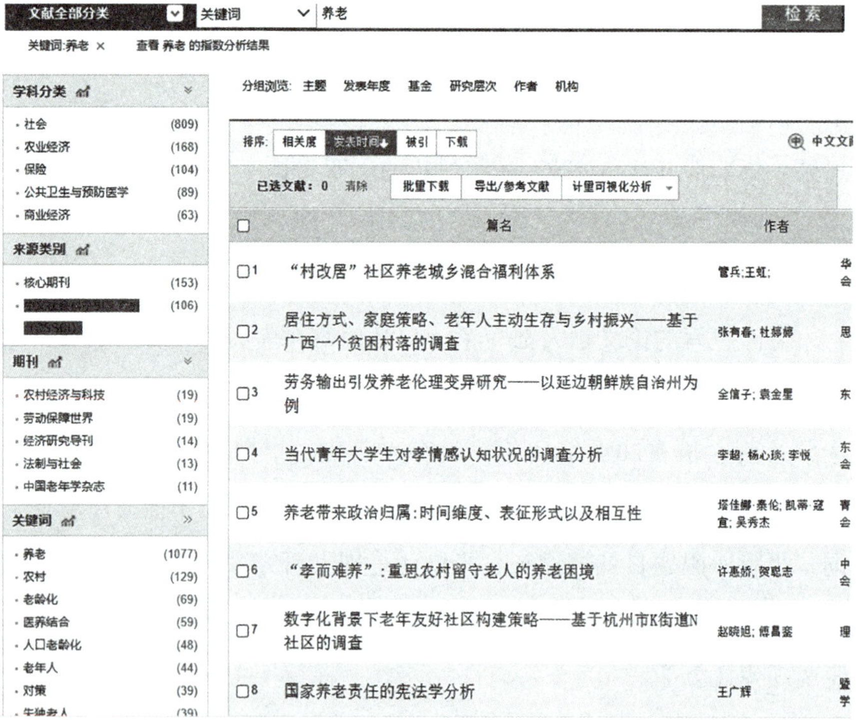

图2-1

02 自己的选题不能只配叫想法

想法≠选题，想法只是选题的第一步，如果我们没有想法，对什么都不感兴趣，对什么问题都无话可说，那麻烦就大了。经过4年的本科教育之后，我们在往后的读书路上，能够直接拿来就学的书越来越少，很多人自硕士研究生阶段开始，便逐步进入知识生产阶段。洒脱地待在图书馆，一杯清茶或咖啡，无忧无虑地看点闲书的悠闲日子一去不复返了。

看别人的文章，论述严密，语句流畅，框架合理，刚刚解决了"自己想写的论文别人都写了"的苦恼，我们又面临阶段性的"选题≠想法"的难题，自信心再受一次打击。俗话说得好，没有毕业不了的硕士，更没有毕业不了的学士，万里长征才刚刚开始，怎么能当逃兵？在我们的实践操作过程中，解决前进中的困惑，以下几步必不可少。

一、把想法变成选题要以学科为中心扩充关键词检索论文

在论文写作前期，我们不能轻易否定自己来之不易的"想法"，要相信自己能行，不能不毕业，不能不结题，更不能成为老讲师，只能硬着头皮往前冲，咬咬牙就扛下来了。学术论文要在本学科内拥有话语权，就要有能力破解自己专业里亟待解决的难题。

因此，把想法变选题首要以本学科为中心，想法是在不断扩大检

索关键词的过程中得以落地的。我们以社会学论文为例，养老可写的问题点很多，不能简单用养老涵盖全部环节。如果我们想论证养老中的养老服务，在关键词中就把与"养老服务"相关的核心论文初步看一看，逐步压缩"想法"的范围，通过不断增加关键词检索论文，让想法接地气，从而逼着自己把论文资料与个人想法真正结合起来，实现选题从"虚"到"实"的转变。

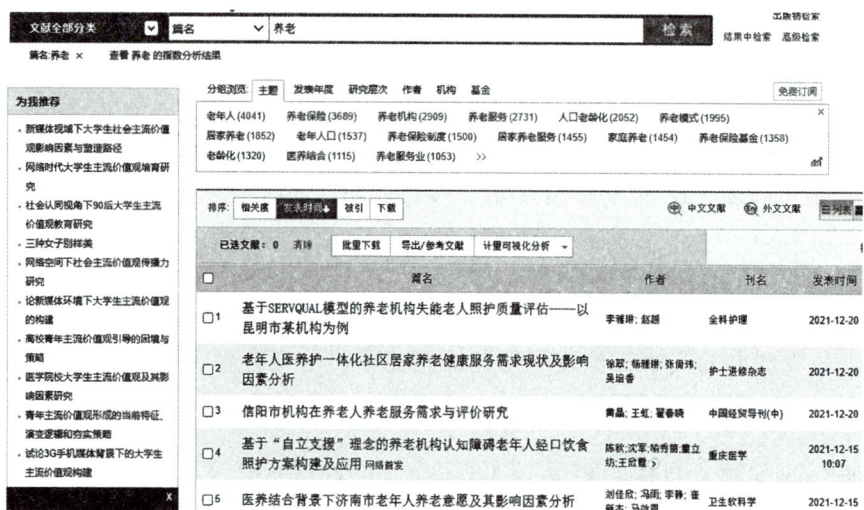

图2-2

二、把想法"落地生根"要多看目标期刊及高水平大学本领域相关论文

通过扩大主题及关键词检索，核心期刊的阅读文章进一步减少，以下图2-3为例，选题要精准到位，还要多看目标期刊或发表此类文章最多的期刊。从选题上看，该期刊发表的此类文章多，编辑经验丰富，作者群数量众多，能研究的问题都逃不出他们的"法眼"。

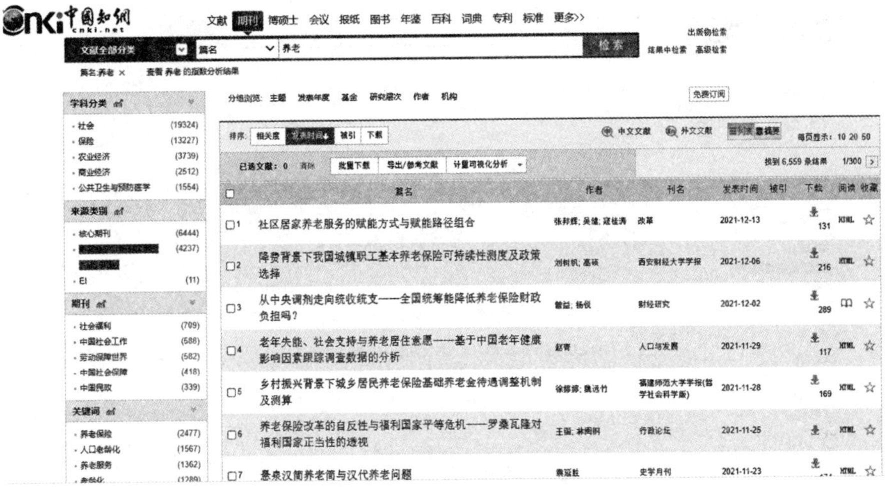

图2-3

同样以养老为例，《中国老年》杂志和《劳动保障世界》对应栏目的论文我们就不能不看，如果研究养老方面的法律问题，最方便的检索方式是以养老为题目在中国知网检索，将其中的法律类论文都梳理出来。

为避免遗漏重要论文，我们还可选择论文机构，将高水平大学发表的相关论文都统计出来，把以学科检索的方式打乱后，各学科论文同步呈现，此时可以看到不同学科对同一主题的研究思路，这有利于激发我们的学术灵感。

以图2-4为例，中国人民公安大学、武汉大学、南京大学、吉林大学、中央财经大学等单位是论文产出较多的高校。此外，我们还可用受基金资助的方式检索受国家社科基金资助的论文。一般而言，这些论文的研究视角、资料的运用相对要好。通过上述方式的不断检视，我们就可以把自己的想法真正"逼"出来。

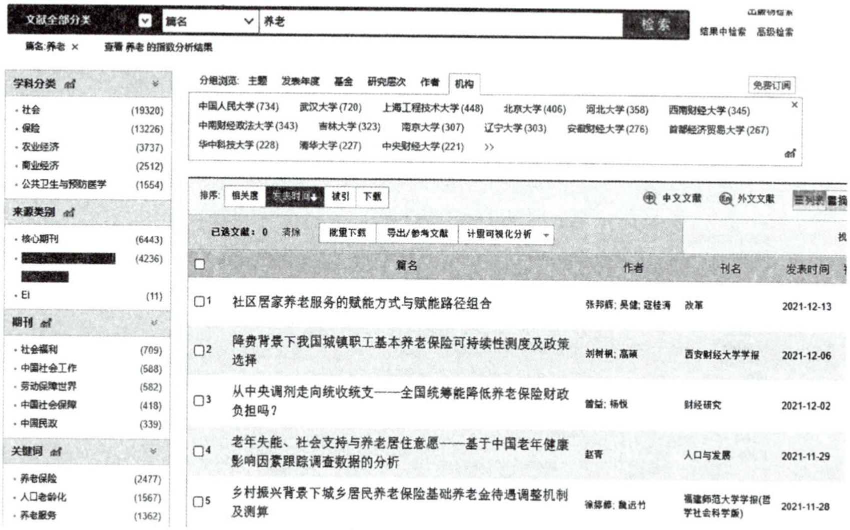

图2-4

03 能看懂的论文没意义，看不懂的论文意义也不大

由想法到选题，文献的阅读必不可少，但读什么样的文献，如何去读，是精读还是泛读，在论文写作中都有一定的技巧。不同的人有不同的阅读方法，找到适合自己的才能取得最好的效果。

论文阅读中，一些人可能会面临另一个困惑：能看懂的论文自己也能写，感觉再看此类论文意义不大；看不懂的论文，硬着头皮读都读不下去，咬牙看完也发挥不出应有的作用，读了也是白读更是尴尬。

学术论文写作谁都有自己的方法，看不看得懂并不是评判论文价值的标准，如何破解选题中的"看不懂"的问题，大致有以下几种方法。

一、先看能看得懂的论文，初步积累感性认识

在想法转化为选题的过程中，看不懂别人的论文在初写论文时是常见现象，导师说好的论文多半也是初学者看着头疼的论文。

仔细想想，这其实是再正常不过的事。能当导师的，最差也是博士毕业，一个读了20多年书，有10多年论文写作经验，写过的论文最厚时可比砖头的人与他指导的学生相比，大家本来就不在一个层次。所以我们要看的论文和准备写作的论文是不一样的，不要被导师的一句话就给唬住了。

导师发表的论文在核心期刊，你要发的期刊名字贴在电线杆上；导

师的文章一年都不一定能出刊，你的文章交钱当月就能付印。他的文章你要是一下就能看懂，他这几十年的书岂不是白读了？在学术上要是没有积累，他恐怕也当不了你的导师。

所以，看不懂的论文再有意义对初学者而言也没有"意义和价值"，我们要看的是那些能看懂的文章，看那些能把你的想法引导出来的论文才最有价值。

作为论文写作中的关键一环，先看看得懂的论文是文献阅读的第一步，是让自己充满信心的关键所在，论文写作中最不难受的环节可能就是阅读自己看得懂的论文。通过大量的阅读，我们能大致了解到自己选题的研究现状，而在阅读与自己水平相匹配的论文过程中，对选题的认识也就积累起来，慢慢地，就能让自己的想法通过调整论文的框架结构体现出来了。

什么时候才是最好的状态，我个人简单的判断就是：无意识中实现将生活高度学术化，养成出门带书带笔的习惯，不浪费点滴零碎时间。等我们逐渐有了这种感觉：一天不看书，比得了病还难受，心里空落落的，像丢了魂似的，学术就能做好了。

二、看不懂论文时，不妨看看与选题相关的报刊

论文是用学术语言表达出来的，如果没有相关专业知识和学术积累，论文层次越高写起来难度就越大。同时，论文写作之前我们还要大量地查找和阅读文献，整个过程都是累并快乐着。

初学者如果没有一定的积累，很难做到阅读论文如同看小说和娱乐新闻一样开心，更不会有刷手机那样的快乐。因此，初写论文的本科生或硕士研究生不妨先看看与选题相关的报纸杂志，事情还是那件事情，

但新闻学的表达方式大多考虑到了受众的阅读感受，能通过细节性的叙述引发民众深层次的思考。

看报纸可以把我们的专业知识以最快的方式和事件相对应，强化自己对选题的认知。以农村养老选题为例，《中国社会报》《中国人口报》《人民日报》《人民政协报》《中国改革报》《中国社会科学报》《中国老年报》《农民日报》等对此话题都有版面特别关注。另一方面，报纸关注的问题点多为对策性或叙事为主，以引发问题讨论的个案方式展开，对我们论文选题的构思和写作有很好的启发。

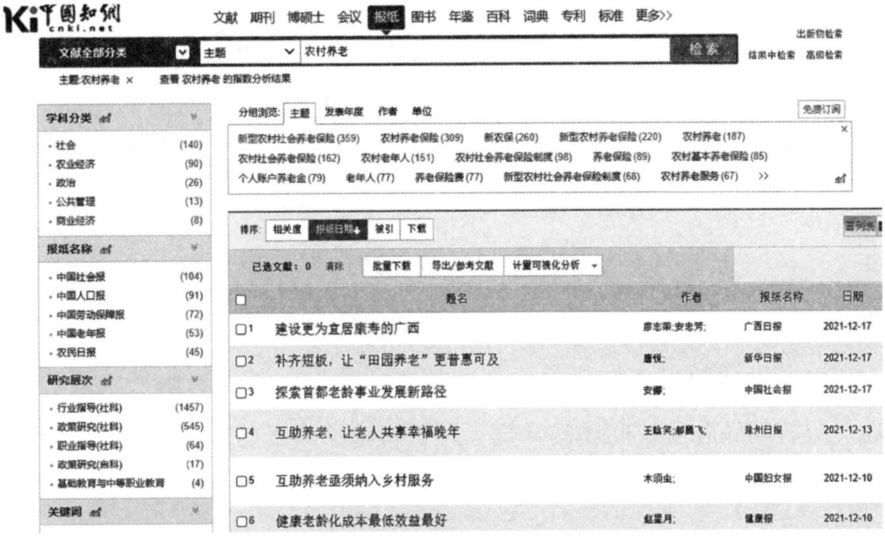

图2-5

三、看不懂的论文可以先看看论证的整体框架

当我们看不懂本专业领域的核心论文时，说明自己的学术水平仍有一定的不足。论文是分层次的，不同的论文通常会发表在不同期刊上，除去约稿外，名家用半年时间写的文章肯定不会发表在普通刊物上。

某省级期刊编辑部主任，每次评审稿件他都会说这句话："投过来的论文怎么这么差，就这水平还是博士研究生，还是"985""211"高校的教授？"

这几乎成了他的口头禅。临近退休之时，他终于想明白了简单的道理：不是别人论文写得差，是自己所在的期刊办得太差，投稿的作者看菜下饭，期刊论文下载量高，是论文写得太过"通俗易懂"。

一个影响因子0.1左右的期刊，没有进入评价体系内，对于投稿者而言，发表了也等于没有发表，自然吸引不到好的稿子。但你只要进入核心期刊方阵，无论是半月刊还是周刊，都不用愁稿源。高校过于短暂的考核期，让学术研究的两头都承受了巨大的压力，量化考核之下，产出才是第一位的，不发表就出局成了最直白的表述！

"看不懂"的高水平论文意义在于，它在理论上或实践运用方面，做出了一定的学术贡献。那么我们在阅读"看不懂"的论文时，就可侧重于琢磨论文的整体框架如何搭建，细细体会作者在研究时的论证思路。

论文论证的整体框架是论文的核心竞争力，如何突破传统提出问题、分析问题和解决问题的常规套路，将论文真正的论述结合材料展现出来，每篇能发表到核心期刊的论文都有自己独特的一套方法。

阅读高水平论文就是一场高手对决，看不懂说明我们的水平不够，不能轻易否定别人，更要正视我们与他人的差距。论文等级不同，发表渠道不同，高水平是需要我们不断努力才能到达的彼岸，总不能将水平永远停留在新闻杂志或者一期有上百篇低水平文章的旬刊或周刊上。

04 由想法到选题，只有精读才能帮你实现

论文的写作是个慢功夫，不是看一两天书，24小时不睡，功力就能快速长进。选题从想法到完善更是时刻有失败伴随，让人时不时就能产生负面情绪。我们要通过对文献资料的精读，在不断否定自己中寻找验证的机会。

一、不断选取有分量的文献才能校验选题

选题是否有价值，是否值得做下去，不同的研究者有自己的判断标准。有的选题价值很大但隐性风险太高，如果是硕士生仅仅为了通过毕业答辩拿文凭，对有外审风险的选题自然要退避三舍。但有难度的选题就如同爬坡，这才是提升功力的时候。

选题是否有价值，从学术角度考虑，在中国知网选取有分量的文献，以论文引证、单篇下载和立项课题等分析，我们就可初步做出判断。只要选题的研究价值高，再难驾驭的选题，在导师的指导和自己的努力下，都能取得较好的研究成果，借助选题的优势，成长的速度反而比一般的研究生要快。

以硕士论文的选题校验为例，2018年初，国家监察体制发生重大改革，反贪污贿赂局转隶到国家监察委员会，围绕监察法的相关研究开始逐渐变热。同年，以"监察法"为题目检索，论文年发表量、下载量和

被引用率不断增多。这是因为反贪污贿赂局转隶后留下的不少司法问题都值得研究，甚至一直延续到今天都是热点。一些硕士生抓住机会，认真深入研究论证，让自己的硕士论文成为敲开导师之门的武器，更是将该选题从硕士生时期一直研究至博士生时期，取得了不错的学术成果。

我曾经指导过一个亲戚，他本科毕业后到了监察委员会，因其在反贪局工作多年并对改革中的新问题有独到的见解，硕士论文开题时恰逢纪检政策大调整，相关资料也较为丰富。我便建议他以此为选题，利用自己得天独厚的条件放手一搏。当时这个选题，好几家期刊编辑也很感兴趣。但在开题答辩环节，一些导师害怕有政治风险，又考虑来年的硕士点评估及论文外审风险，就劝他放弃该选题。最后，他无奈地选择了一个相对"稳妥"选题，顺利通过答辩。但事实证明，从2018年至今，已顺利通过答辩的相关硕士论文全国达70多篇，研究的风险远没有想象的高，社会反响更是非常热烈，学术影响力也很大。

二、能阅读的文献越多，选题才会越精确

选题的检验要通过阅读文献才能实现，我们能想到的不一定都能以论文的形式呈现出来。有的想法很好，但以学术来讨论难度太大或存在诸多不利因素，这些都要以合理的方式在阅读中去琢磨。同时，文献阅读要坚持泛读与精读相结合，在不同的学术思想碰撞中，对自己前期收集的资料进行有效梳理。如前所述，阅读中我们还会遇到看不懂的文献就不看，看得懂的文献又觉得没意义的情况，都会影响论文选题校验的效果。

通过文献阅读的深入，尝试构建论文的框架，当框架能初步敲定时，选题才会精确到位，要论证的问题才逐渐清晰。我们仍以"监察

法"选题为例，初步的想法是大致的努力方向，后续的研究则是明确研究的细致着力点，而我们要解决的就是选题中具体的切入点。同样的选题，秦前红教授以宪法为主，而江国华教授则以司法制度为主，在不同的话语体系结构下，论文选题范围与个人对资料的占有密切相关。阅读不同领域的文献，让资料与个体经历逐渐结合，能阅读的文献越多，我们才能更为精准地获得服务个性化选题的效果。

但一些灵魂拷问式的问题会时不时冒出来：读多少篇才能判断出选题的优劣，读多少篇才能定框架，看多长时间自己才能学会写作？这些问题说起来简单，回答起来不知道要废多少脑筋。李白到底读了多少诗才会写第一首？估计他自己也不知道！一边写一边读，一边读一边写，修修改改，不知不觉中水平就提上去了。所以我还是那句老话，读得多了就会了，但读多少算多，每个人的基础不同，感受自然也不一样。

写不出来时就读，读了有感觉时就写，写不出来再读，如此反复，慢慢我们就有了灵感。有了灵感就解决了写不出来的困局，写出来后再解决写不好的难题，最后解决发表不了的问题。一关一关地去闯，这不就是打怪游戏吗，那么下一关是不是会更刺激？

三、以高质量参考文献为中心，顺着论文找线索

论文精读也可以高质量论文的参考文献为中心展开。在论文的投稿中，编辑都会看论文的参考文献引用情况。如果该引的不引或者引用的参考文献质量不高，那么论文质量的高低他也就清楚了。

在有些学科的研究中，对参考文献的引用不能过于陈旧，我们要考虑到社会现代化进程对区域社会发展进程的影响。比如涉及民族地区社会变迁、婚姻习俗变化等论文的写作时，尽可能少引用二手文献，而要

在详细调查的基础上，加强阅读高质量参考文献，深入了解论文的社会背景后再动笔。对同一区域的研究成果，特别是相同学科的论文我们更要格外关注，防止论文结论或数据之间相互"打架"，避免外审风险。

论文的写作是建立在阅读的基础上，想法变成可操作性的选题更要建立在精细化的阅读之上，高质量论文，尤其是能够对你有启发的核心论文，都是在大量阅读后，提出了有创新性的话题。

站在前人的肩膀上，顺着文章的参考文献找关键论文线索，找到论文之后，再以该论文的参考文献为点扩充，经过这样的"地毯式"搜索并"深挖扩线"，确保不落下重要的关键论文，当所有环节的精细化都完成后，我们就把一个想法变成了可进入实操阶段的选题。

05 校验选题，除了中国知网，你不可不知的四大常用数据库

在学术研究中，有的人不熟悉或不了解搜集资料文献的渠道和方法，除了常用的数据库外，想要搜索更多的文献却不知从何入手。英语不好，查找国外文献有难度，寻找针对性强的资料在操作上更加困难。其实除了常用的中国知网外，一般常用的四大数据库基本可以满足人文法律社科的常规学术研究。

一、国家社科基金项目数据库

（http://fz.people.com.cn/skygb/sk/index.php/Index/seach）

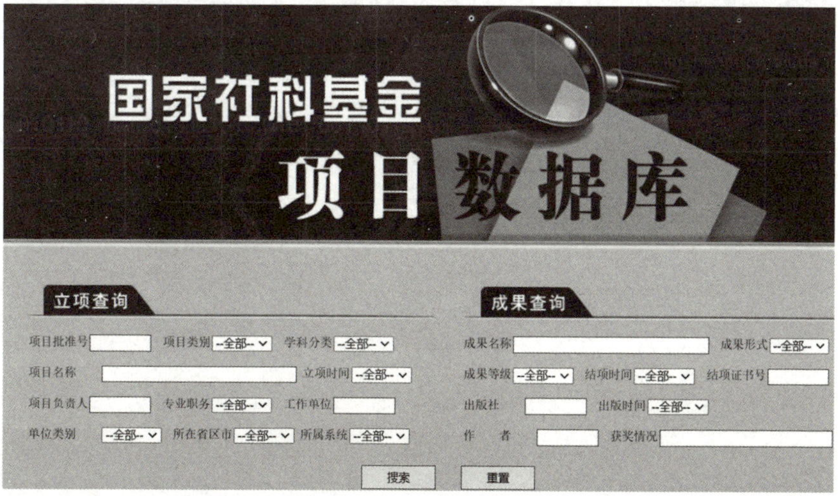

图2-6

57

　　国家社科基金项目数据库在学术研究中占有重要的地位。如果我们拿不准选题，纠结于选题的精准方向，通过对比国家社科基金项目数据库历年立项课题和不同学科选题差异，问题或许就能迎刃而解。

二、教育部立项课题数据库

（http://pub.sinoss.net/portal/webgate/CSSCImdNormalList）

　　相比于国家社科基金项目数据库的定期更新，教育部立项课题数据库目前仍停留在2014年之前，后续立项数据需要自行打印梳理总结。在查阅信息时，我们可在相近学科开展此项工作，法学的可以看看社会学、政治学立项题目，民族学可以看看人口学、人类学、社会学、历史学等立项数据，扩充一下申报思路。如果从交叉领域报出，那就要综合一下与题目有一定关联性的学科的立项情况。

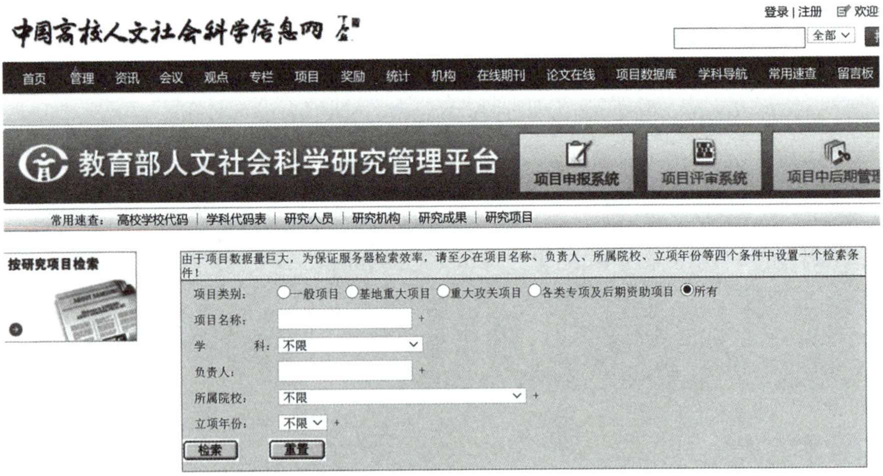

图2-7

三、国家哲学社会科学学术期刊数据库

（http://www.nssd.cn/）

中国知网收费，但你想看的论文仍然可以免费下载，如果不想花钱上知网，务必记住这个数据库：国家哲学社会科学学术期刊数据库。个人用户注册后在任何地点都可以登录使用，免费在线阅读和全文下载。机构用户签署机构用户授权使用协议，在机构IP范围内不用登录，直接使用。自2013年7月16日系统开通以来，国家哲学社会科学学术期刊数据库收录精品学术期刊2000多种，论文超过1000万篇，有超过101万位学者、2.1万家研究机构相关信息，涵盖三大评价体系（中国社会科学院、北京大学、南京大学）收录的600多种核心期刊。

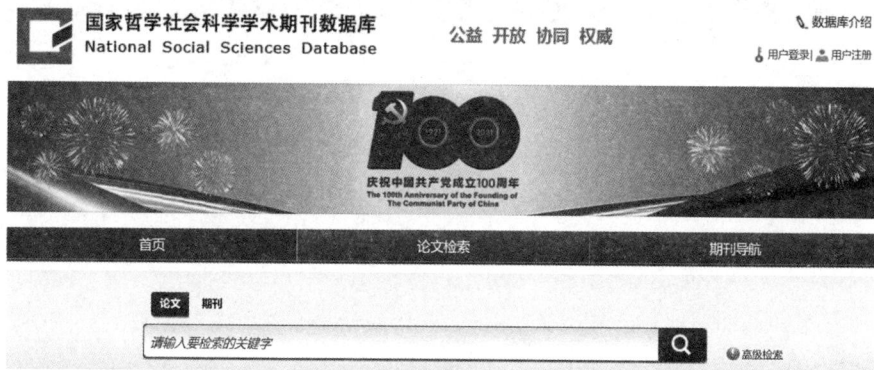

图2-8

四、中国人民大学复印报刊资料库

（http://www.rdfybk.com/）

中国人民大学复印报刊资料库通常简称为人大复印报刊资料，自1958年成立以来，数据库类别日益庞大，在科研评价体系中的重要性不言而喻。作为期刊的二次检索，人大复印报刊资料更多的是以数字期刊

库为大家所熟知。除中国知网、万方、谷歌以外，在学术选题环节，我们在相应学科中检索论文，可以较好地把握编辑的选文标准，从学术转载和学术评价角度了解论文的传播力。

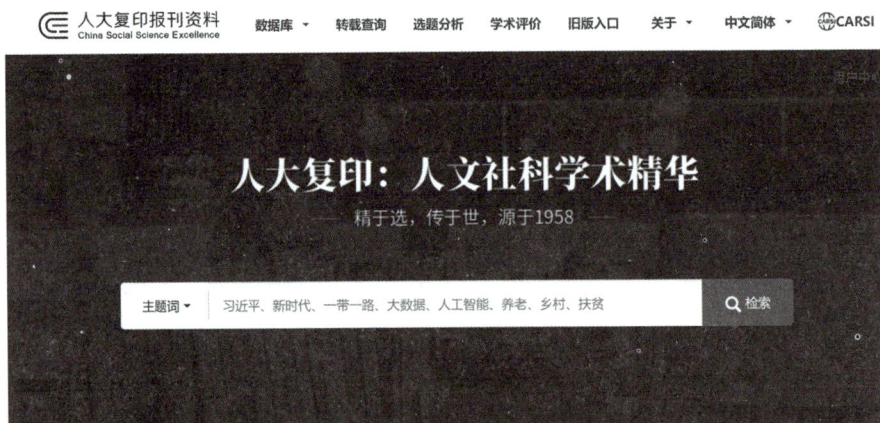

图2-9

第三章

能让老爸老妈帮我找论文资料吗

人文法律社科专业的写作重在积累，受工作环境和思维习惯影响，每个人积累论文写作素材的方式有所不同，获取写作资料的渠道也有较大的差异。实际操作中，论文资料的收集与参考文献的阅读多数情况下需同步推进，在不断阅读中扩大论文资料的来源线索，通过论文找论文，从线索梳理中发现线索。在此过程中，我们要善于利用自身资源为论文写作提供资料来源，除了常规的调研渠道以外，亲朋好友、师长学生都是重要的写作资料的来源和途径。

01 你天天抱怨的工作，值得在理论上去追问

在微信化时代，我们的生活与工作常常混为一体，工作就是生活，生活就是工作，如果状态调整不好，很多人会在工作中逐渐失去自己。工作中，我们并不是每件事都能办得顺顺利利，难办的事情常常随机出现才是工作的常态。没有工作的时候烦，有了工作时我们又会烦工作，在一线城市，工作节奏更快，生活压力更大，网上有人形象地形容为：上班的心情和上坟一样！可面对天天抱怨的工作，资料基本上是现成的，难道就不值得我们从理论上去深究？

在时代发展的每一个节点上，都会有各种各样的问题产生，成功的人从来不抱怨问题，而是在问题中想办法解决这个别人的"牢骚"。对你而言是难题，对别人来讲就是机遇，换个视角看问题，难题就是难得的机遇，更是时代赋予大家的机会！无论什么时代，只要想过好的生活，就要靠自己的奋斗，有奋斗就要付出，有付出就会有收获。

一、把论文的灵感与吐槽结合起来找资料

没有不辛苦的工作，没有天上白白掉下的馅饼，既然生活与工作已经高度混合，那我们就要梳理清楚痛苦的根源是什么。

在江汉平原地区的一所高校，每年冬天教学楼和办公室的风都很大，大风形成的气流在楼道内发出恐怖的声响。很多人都抱怨风大，声

响像妖怪一样，学生们干脆把大楼叫作"鬼楼"。对于这座楼，各专业的学生反应不一。法律专业的学生就只关心楼上掉不掉东西，如何区分法律责任；文学院的学生则以此构思了一篇小小说发表到校报上，吓得一众文学青年晚上睡不着觉。

最厉害的是一个理工科的硕士生，他运用专业的测量工具，从不同的方向测量建筑构造，以风向对建筑的影响为主题，从学校图书馆和气象局查找历年气象资料，以此完成了硕士论文并顺利通过答辩。

看看，别人连抱怨都是这么专业！所以说处处留意皆学问，抱怨谁都会，但学术之道夸张一点就是要把一切问题学术化，不能凡事停留在表面状态。在不少单位，开会就是工作，工作就是从开会开始，那如果我们随身能带个笔记本，再带一份打印的论文，忙完了该忙的会议工作，就可以开开小差。成年人的生活，时间都是碎片化的，不充分利用点滴时间让自己成长，一不留神就会被时代淘汰。

同样的工作，有的人就是天天精力充沛，上班能按时完成本职工作，8小时之外还能兼职赚点外快，天天都有想法，时时都想下一步怎么折腾。

在高学历人群扎堆的大城市，精英到处都是，各有各的本事，但平凡的人也是一大堆，脸上挂满了各种各样的不幸，有的连抱怨都懒得再开口了。

有一次开会，我遇到一个检察官，当别人在抱怨案多人少、人不如狗时，他悄悄对我说，他把办案心得梳理梳理，每年都能发表10篇左右的专业论文，参会的论文能获奖，主办的案件能立功，这让他看到了知识的力量！目前，多所大学聘他为论文指导教师，不少政府部门和企业也开出合规的课酬邀请他讲课，他乐在其中，并不觉得累。

他将同样可以抱怨的事情拉长链条，变成了以下流程：案件工作—心得体会—产出论文—附带讲课，最终还能名利双收。同样的烦心事，经过上述流程转化后，他获得了体制内的认可，年年能得到从物质到精神的双重奖励，更能获得合法的体制外收入，时时有点小钱喝酒。他的工作与生活同样混为一体，该收获的却是样样不落，利用好单位平台创造出双重价值，这样的经历值得思考也更值得我们学习。

无论身在高校还是机关，类似将"牢骚理论化"转化的成功事例还真不少见。有兴趣又有时间的话，在知网检索一下，我们会发现不少高水平论文早就将发牢骚推进到了相当高端的阶段，我们口中的牢骚成了别人理论化表达的资料来源。

在司法实践中，一些地方为有效"把握"案件审理流程，在控辩争论较大的二审案件或一审案件中，提前为被告人"指定律师"，合法地排除了当事人家属聘请的律师参与案件之中，让法庭审理过程能"和谐、顺畅"地进行下去。此类案件在证据上往往存在"部分瑕疵"，受种种因素影响，法律援助律师的辩护效果难以得到被告人及其亲属的认可，在网络上一些律师将官方指定的律师称为"占坑律师"。

于是，类似个案的情绪表达如何理论化表述就成为重要的出口。《论刑事被追诉人自行聘请律师的优先性——以罗尔斯的正义理论为分析框架》这篇论文，就从理论上论述了谁更具优先的问题，探讨了实务中以"合法"对付"合法"的律师聘请中的尴尬难题。

二、日常生活中，只要留心观察处处皆学问

当然，论文写作资料的查找要先有一定的理论知识储备，我们论文知识积累不够，看的文章不够多，当灵感来的时候，有可能仍然抓不

住。在硕博士论文开题时，导师们经常讲的一句话就是，没有思考没有分析，就是把论文资料放在面前也不会写。当下，理论与实践两张皮的现象在多个专业都存在，如何突破，有待年轻学者解决。

在2021年多地洪灾中，一些地方成了分洪区，当洪水以保卫大城市的名义淹没一个县，淹掉一个个农村时，不少人就会想这样的问题，为什么这些地方要成为分洪区？在长江沿岸，为保卫大武汉和长江下游重要城市的安全，江汉平原某地市是国家划定的分洪区，大的工业厂矿建设较少，当地经济发展受到一定的影响。

面对年年而至的洪水，在三峡大坝建立之前，每年都有防洪任务，更面临着分洪的压力。江汉平原走出的一位学生，从法律、政策、历史和常规操作等方面，一一梳理分洪区形成的历史原因，对分洪后的救济政策，从法律层面提出了完善的应对办法。

处处留心皆学问，再细小的问题只要用心思考都可以被精细化地解决。一个南方超市的卫生防疫专员，为了对付蚊子，列出了蚊虫详细的活动时刻表，设置五大治蚊虫关卡；广州一工厂研发新型"蚊子"，日生产五百万只，以蚊灭蚊。论文写作，如何突破固有套路，不也需要在不断探索中寻找创新之路吗？

三、新兴话题要善于从实践中寻找资料

论文写作中必须要有核心的资料，除了生活中要处处留心收集以外，必要时我们还可亲身参与社会实践或社会调查。比如有个博士在论文写作期间，为了赶进度，吃饭全靠外卖，但高峰期外卖经常难以准点到达，在埋怨外卖员求情提前点击收取后，由此问题引发的系统对人的控制，数据背后的利益博弈就让这个博士留了心，从而以此展开了研

究。像这样的论文，不但新颖独特，能很快发表在核心期刊上，获得学界关注，就连普通民众估计也会感兴趣。

知网上最新的一篇论文，《技术之上的"价值之手"：对算法"物质性"的媒介政治经济学追问——以美团外卖平台"超脑"系统为例》就是从深度新闻报道《外卖骑手，困在系统里》着手，深入研究算法系统中弱势一方的。

在疫情防控期间，有位滞留深圳的博士生当起了外卖员，在分析了外卖背后的算法规则控制后，将经验提炼出来写成论文并发到了顶刊上。北方某高校博士，在论文写作期间，经常要打印文稿，本来说好去打印店打文献，最后博士论文却研究起打印店老板为什么多是湖南人。他运用访谈个案的方式，积累了大量论文资料。

可以说，无论从事什么样的行业，总结能力和提炼能力是事业发展必不可缺的基本功，没有这两种功力，任何人都很难在行业内取得骄人的成就。

还有的博士生，为完成论文选题和博士论文写作，到经学校安排的外地挂职当了名干部，在实践中发现基层官场的内幕。这样的论文不仅有学术上的意义，对推动工作的进程也很有价值。所以，新型论文的选题和资料，就是需要我们从实践中查找核心数据和典型资料，不断在实践中发现并解决问题。

02　论文写作中必不可少的资料收集路径

论文写作前，要解决的问题很多，如论文的理论支持是什么？理论方面的学术资料、专业术语的资料、权威性的调查报告和数据分析资料从哪里来查找？看别人的论文，大多要参考一些权威性的数据和调查报告，如果我们平常没怎么关注，难度可想而知。

论文写作离不开资料，而资料收集不同的人有不同的方法，如何查找自己需要的材料，在学术竞争日益激烈的当下，更要充分发挥主观能动性去解决。如果我们没有过硬的社会关系，资料要靠平时自己积累，那么资料收集的常规路径基本上有以下几个方面。

一、法律法规

论文写作离不开法律法规，在法律法规不断修改的情况下，论文写作前后，我们都要在数据库内检索。国家法律法规数据库由全国人大常委会办公厅建立并维护，是权威的查询数据库，可以查到宪法、法律、行政法规、地方性法规以及司法解释。用手机号注册后，可以下载PDF版和WORD版本。国家法律法规数据库建立前，查询的相关版本不一，百度、搜狗等是常用的检索工具，不少法院甚至一些省高级人民法院引用的法条都是杜撰的版本，闹出不少笑话，如不少法院引用《最高人民法院关于审理民事纠纷案件中涉及刑事犯罪若干程序问题的处理意见》

进行判决或裁定，事后证实该司法解释根本就不存在。

图3-1

二、规范性（政策）文件

　　规范性文件是国家治理中最为特殊的资料，有些文件从不对外公布，但又作为本行业内重要的办事依据，有些文件还有一定的密级，在论文写作中，对此类文件我们要格外重视，可以通过新闻报道等途径查找。司法部门中此类文件最为常见，如最高人民法院和最高人民检察院都有大量的批复、书面指示、电话指示，会议纪要等，近年来，一些学者对此类文件进行研究，取得了较好的研究成果。

　　规范性文件在政府部门大量存在，在地方立法中，有些文件转化为立法条文，多数仍处在半隐蔽状态，在实际的行政执法中广泛应用。如果我们深挖这条线，梳理政府系统林林总总的红头文件，就能发现政府的忙都从何而来，社会治理的效果为何总是政府单方面地发动，可以从中发现诸多值得研究的学术"富矿"。

三、典型案例研读

通常而言，典型案例尤其是论文写作中的司法个案，我们应尽可能关注最高人民法院、最高人民检察院、各省高级人民法院、各省人民检察院公布的典型案例。公安部及各省公安厅也会不时发布典型案例，此类案件受社会关注度高，涉及的法律关系或事实认定有一定的代表性，在论证时能有效说明问题。

典型案例无论从法律还是在事实认定上都有代表性，部分案件的处理结果对社会影响较大，各方对此都格外重视。同时，它从社会制度、地方文化和经济发展等方面都能反映一些问题，在理论研究中，相关学科可从中发现论证的问题点。

最高人民法院指导案例无论在司法实践还是学术研究中都有较高的价值，可以在最高人民法院网上查看。在中国裁判文书网用手机号注册后，就免费下载使用，也可在无讼平台注册（https://wusong.itslaw.CSSCIom/bj），下载裁判文书，目前平台已收录案例900多万篇。

最高人民检察院指导案（https://www.spp.gov.CSSCIn/spp/jCSSCIzdal/index.shtml），受隐私权保护影响，一些案例没有完全公开，可以在几个数据库中比对查找，如通过中国审判案例数据库、无诉等平台查阅裁判文书。

中央纪委国家监委对指导性案例也较为重视，2021年发布了第一批执纪执法指导性案例，研究党内法规的，对此类指导性案例肯定要高度关注。此外，经济发达地区的相关司法案件也应关注，经济发达的地方社会问题就不会少，疑难复杂问题在个案中有一定的代表性，尤其是行政诉讼案件，反映了当地行政机关依法行政的水平，民众敢不敢、能不能诉得准，还能体现出营商环境的优劣。

以广东省为例，地处改革开放前沿，实体经济活跃，新型案件众多，加之汇集三种法律制度，涉外因素较高，不少案件法律关系复杂，诉讼或仲裁的纠纷具有很强的代表性。广东省高级人民法院每年都会公开各领域的十大案例，自建有案件公开审理的数据库，发布的年度行政诉讼白皮书更具有代表性。因此，研究区域性司法问题，关注当地法检系统网站，可获得意想不到的论文资料。

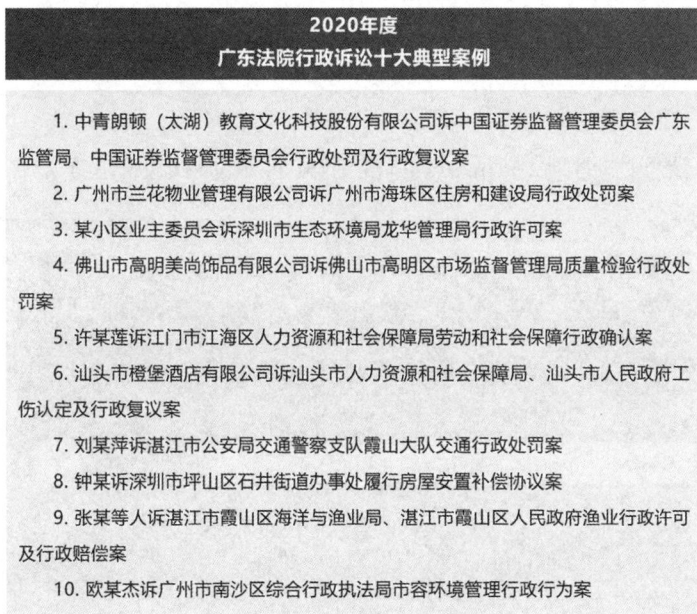

2020年度
广东法院行政诉讼十大典型案例

1. 中青朗顿（太湖）教育文化科技股份有限公司诉中国证券监督管理委员会广东监管局、中国证券监督管理委员会行政处罚及行政复议案
2. 广州市兰花物业管理有限公司诉广州市海珠区住房和建设局行政处罚案
3. 某小区业主委员会诉深圳市生态环境局龙华管理局行政许可案
4. 佛山市高明美尚饰品有限公司诉佛山市高明区市场监督管理局质量检验行政处罚案
5. 许某莲诉江门市江海区人力资源和社会保障局劳动和社会保障行政确认案
6. 汕头市橙堡酒店有限公司诉汕头市人力资源和社会保障局、汕头市人民政府工伤认定及行政复议案
7. 刘某萍诉湛江市公安局交通警察支队霞山大队交通行政处罚案
8. 钟某诉深圳市坪山区石井街道办事处履行房屋安置补偿协议案
9. 张某等人诉湛江市霞山区海洋与渔业局、湛江市霞山区人民政府渔业行政许可及行政赔偿案
10. 欧某杰诉广州市南沙区综合行政执法局市容环境管理行政行为案

图3-2

最高人民法院指导案例（http://www.CSSCIourt.gov.CSSCIn/shenpan-gengduo-77.html）。

图3-3

中国裁判文书网（https://wenshu.CSSCIourt.gov.CSSCIn/）。

图3-4

四、区域、行业调查资料

近年来，法院、检察院和司法行政部门都比较重视调查研究，在岗位晋升中，对提拔者调研文章有一定的考核比例。最高人民法院每年组织全国法院系统学术讨论会，各省高级人民法院基本上都有内部编辑出版的学术刊物。实务部门的调研文章，多以本部门审判案件为主分析，综合参考同类地区典型案例，调研成果为法理探讨或个案研究，对理论研究有较高的参考价值。对律师而言，能从法官理论文章和以往同类判决案件中梳理出倾向性判决意见。最高人民法院主管相关业务部门领导的讲话、文章也会对一定范围内的案件判决产生影响。

同时，随着信息公开日益到位，司法部门对相关案件梳理后发布的白皮书、司法大数据都是论文写作中的重要资料。国务院新闻办公室于2021年发表的《全面建成小康社会：中国人权事业发展的光辉篇章》白皮书、《中国新型政党制度》白皮书，许多文科的研究都可以从中找到所需资料。如果研究未成年人犯罪，最高人民检察院定期公布的《未成年人检察工作白皮书》是必看的。

此外，公安部门受案件办理限制，调研类文章多在公安内网刊发，有些数据，如社会治安警情数据通报属于政府公开信息，在官方网站可以查阅。受保密等级影响，有些数据在可公开的范围内不能查阅到，但可参考引用公安类院校相关学报的文章。

一线实务部门人员发表的文章，可以重点看看，内部人员在数据及惯常操作方面的分析都可为论文提供难得的思路。《中国人民公安大学学报》《中国刑警学院学报》《警学研究》等期刊对一线实务的调研类文章都有明显的偏好，可有选择地查阅。

除此之外，国家部委设有专门负责法律法规的处室，经常性地浏览部委官方网址，能对相关领域有整体性了解。各官方部门公布的数据具有权威性，有较高的参考价值，是论文写作中难得的文献资料。比如中国人民银行，如果我们要研究金融犯罪，尤其是洗钱领域的问题，每年中国人民银行都会公布《中国反洗钱报告》，这些资料不仅是论文写作的参考资料，更是珍贵的历史文献。

最高人民法院司法数据（http://www.CSSCIourt.gov.CSSCIn/fabu-gengduo-21.html）。

图3-5

如果研究公安相关的问题，从公安部到各省公安厅的官方网站少不了要定时查阅。官方公开的信息是论文写作中宝贵的信息来源，顺着线索再查找资料，我们写作的思路就会拓展得很快。公安领域的改革，重点关注直辖市、一线城市、新一线城市，经济发达的地区在很多方面都走在全国前列，总的来说，这些官方网站上事实描述性的报道如能用理论及时总结出来，就更能为实务提供有益的参考。

此外，随着各地警务部门公共关系科的设立，新媒体快速在警务部门投入应用，要多关注相关部门的微信公众号、抖音、微博等官方媒体。有些不方便在官方网站公开的信息，在微信公众号等新媒体上都可以轻松查到，或者通过其他渠道获知。特别是一些中央机关的公众号或抖音平台，为提高阅读量和宣传效果，这些平台会定期公布一些重要的、权威的数据，及时查阅补充对论文的写作有很好的帮助作用。

举个简单的例子，2021年3月1日袭警罪生效前后，我敏感地觉察到这可能对警察系统带来比较大的影响，便安排对此课题感兴趣的学生收集整理了全国各地市的第一例袭警案件。经过一段时间的努力，我们大致梳理出国内相对有代表性的136个案件并展开分析。一次早饭时，我偶然在中央政法委公众号上看到最高人民检察院的最新通报，这与之前我们掌握的数据明显不同。截至2021年10月18日，刑法修正案（十一）新增罪名生效后，被公诉的人员有5586人，其中袭警罪就占到4178人。这些数据和我们之前掌握的个案差异太大，为保障案件的准确性，我安排学生又做了集中扩大的信息检索，根据第二次集中查询后，个案就更加凸显出代表性，文章的实证效果就发挥出来，为理论分析提供了可靠的数据。

我再举个例子，要查找警务改革方面的资料，牵一发而动全身，110的动向基本上都可以反映出来。110的相关报道在公安部网站就有专门的网页介绍《走进110》。当我们看不下去论文，肚里实在没货又不好说给别人听时，或者在头疼的时候，不妨休息一下，看看各地110的报道视频（https://www.mps.gov.CSSCIn/n2255079/n4876594/n5125030/index.

html），对比总结各地110的最新做法，或许能为论文提供新的思路。

有关警察研究的相关资料，最新的警务信息等资料，我们还可以通过公开的外网警察网站查找，如中国警察网络电视（http://v.CSSCIpd.CSSCIom.CSSCIn/）、中国警察网（http://www.CSSCIpd.CSSCIom.CSSCIn/），这两个网站信息更新较快。

此外，国家统计局网站（https://data.stats.gov.CSSCIn/）可查找到与国民经济相关的各项数据。这种资料是最具权威性的官方数据，在论文写作中是必不可少的参考来源。

北京首都国际机场公安分局开展宣传活动

媒体报道 NEWS   [更多]

· 广东110：在实战中一步步发展壮大   2016-01-14
· 当110遇到骚扰电话   2016-01-13
· 110，30年   2016-01-13
· 山东公安110走过为民、创新20年   2016-01-12
· 新疆提孜那甫边防派出所的110宣传日   2016-01-11
· 我国110接处警服务覆盖全国城乡   2016-01-11
· 110这三十年   2016-01-11
· 警笛长鸣服务群众 福建漳州110处警见闻   2016-01-11

图片视频   [更多]

福建省漳州市公安局指挥情... 　央视[新闻联播]：110... 　福建省福州市公安局开展 "... 　新疆巴扎上的 "110" 普... 　央视[新闻直播间]全国1...

图3-6

五、找不到的资料尝试用微信搜一搜功能查找

随着微信学术化功能的日益完善，一些下载不到或内部的材料，用微信的搜一搜就能方便检索到。一些行业内部人员运营的公众号也能查找到不少有用的资料，但个人或公司运营的公众号，在观点上多少存在一些偏颇。

论文写作遇到瓶颈时，我们可以通过内部人员的微信公众号发现线索，在论文的分析论证环节，对了解相关事实能起到一定的参考作用，但这个办法缺点也很明显——非官方的网络信息来源复杂，信息鉴别难度较大，所以只能是仅供参考。

六、相关法律类网站

在资料检索过程中，权威的官方网站仍是重要的途径，在不同的信息产生冲突时，应以官方公布文件材料为准。定期查看相关网站是论文写作的重要方式，资料的积累从点滴做起，可避免做无用功。

研究人口的学者要时刻关注人口政策的调整变动，可以从相关政府部门领导的调研、会议、文章等获知信息，防止出现三胎政策马上就要出台而二胎的相关论文仍没有发表的尴尬。另一方面，定期浏览与我们研究领域相关的网站、报纸、公众号等资源，可熟悉、掌握国家政策，把握论文写作的大方向。

在一些涉密性较强的研究领域，我们可以通过关注相关单位的微信公众号、抖音等新媒体渠道发布的信息，对公开资料及时研判汇总。涉密的关键信息不能外漏，但做的事情只要有公开报道，我们就能挖掘出实务中最需解决的问题，而关注实务动向，对相关问题提前研究，增强论文的实际指导意义，也能让实务界看到学界的力量，对双方的发展就

是互利和共赢的。

中国法学创新网将学界与实务信息综合收集，方便法律同仁检索。一点法律网站还提供订阅功能，最新的法律法规修订，可及时查阅，也可从北大法宝官网上订阅日报，每天早晨六点左右，邮箱准时接收最新法律法规变动。

中国法学创新网（http://www.fxCSSCIxw.org.CSSCIn/）。

中央各部门	中国人大网 中国长安网 最高人民法院 最高人民检察院 公安部 司法部 中国法学会 中国法院网
各地政法委网	北京政法网 上海政法综治网 广东政法网 江西政法网 河南长安网 内蒙古长安网 云南长安网
各地法院网	北京法院网 上海法院网 重庆法院网 河南法院网 广东法院网 天津法院网 江苏法院网 辽宁法院网
各地检察院网	北京检察网 广东检察网 重庆检察网 江苏检察网 浙江检察网 湖北检察网 江西检察网
各地法学会	福建省法学会 湖北省法学会 江苏省法学会 江西省法学会 辽宁省法学会 上海市法学会 浙江省法学会
法学院校	北大法律信息网 北方民族大学法学院 北京大学法学院 北京理工大学法学院 北京师范大学法学院
综合类法学网站	北大法律信息网 东方法眼 法律思想网 法律图书馆 中法网 法律之星 中国法律咨询中心
法理法史网	法律史学网 民间法与法律方法网 正来学堂 中国理论法学研究信息网 中国律师网 中华法律文化网
宪法行政法网	北大软件网 中国政法大学人权研究院 郑州大学宪法与行政法研究中心
民商经济法网	德恒(太原)律师事务所 国际经济法网
港澳台地区	香港立法会 香港司法机构 澳门立法会 澳门法院 台湾法学会 台湾行政法学会
国外法院	国际法院 欧洲人权法院 美国联邦最高法院 英国最高法院网 俄罗斯宪法法院 日本裁判所 加拿大最高法院
国际组织、国外法学会	联合国 世界知识产权组织 世贸组织 国际商会 美国法律社会学协会 海牙国际私法协会 国际刑法学协会
国外法学院	哈佛大学法学院 耶鲁大学法学院 芝加哥大学法学院 威斯康星大学法学院 剑桥大学法学院 康奈尔大学法学院
国外法律网站	欧洲法院判例数据库 英格兰和爱尔兰法律信息网 美国国会法律图书馆 耶鲁法律杂志 哈佛法律评论
法律传媒	天下长安 法制网 检察日报 人民法院报 《中国法学》期刊网 民主与法制网 中国法制出版社

图3-7

七、资料收集时不要忘了权威媒体

权威媒体在我国有一锤定音的作用，在一些重大事件上，权威媒体的论调基本上代表了官方对事件的定性，典型的如中央电视台、人民日报、法治日报、光明日报等媒体。当然，发表在权威媒体的评论，往往不代表个人，所以我们在资料收集中要足够重视。

中央电视台的《今日说法》《新闻调查》等栏目的选题，比论文的选题更为严格，审核标准也更高。一些地方性有特色的电视栏目，对研究区域问题的论文帮助更大，如广东卫视的《南粤警视》栏目就大量报道了最新的前沿警务案件或警务改革，对法学或治安学论文选题都有参考价值。所以在我们论文写作的前期，如果有时间可将与主题有关的节目都检索到，细细体会官方媒体的报道技巧，琢磨论文选用的资料、论证等可取之处。

2021年明星吴某某涉嫌强奸一案，中央电视台和权威报纸都前后定调，预示着对该事件的定性，针对部分"粉丝"围观的行为采取了一定的措施。在某省女生自杀事件中，按以往舆论的走向，对涉事人的处理结果肯定不会太理想，但因为中央电视台对此事的报道，成功地将舆论转移到新的可操控和讨论的空间。

官方媒体在新闻报道时，能拿到最为核心的案件资料，还能联系到最权威的相关专家评论，有事实依据，更有理论支撑，不会出现原则性的错误。同时，视频从选题到节目录制播出，敏感案件（事件）还要经过政府部门的层层审核把关，到了新闻播出时，事件最后的处理意见也基本上定了调。

03 资料收集要摆脱两个误区

资料收集是论文写作的基本功，能否收集到合适的论文写作参考资料，影响到论文最终的完成。但论文资料收集中也有两个常见的误区，误区不解决，论文写作的效果就会受到较大的影响。

一、把参考文献当论文资料

很多人觉得可以把参考文献当成论文写作资料，对两者没有正确区分。我们用参考文献可以写成一篇综述，但综述的作用是梳理文献，严格意义上创新性要低很多，如果用参考文献中的二手数据写一篇论文，想要发表更是难度颇大的事情。

通常来说，一篇能发CSSCI期刊的论文从开始写作算起，到最后的精心修改打磨差不多要半年之久。我们在写作前最少要有一个月左右的时间去调研，查资料读资料，大致形成初步的论文框架，最后确定思路敲定框架后，才能一气呵成写出初稿。在实际的论文写作过程中，对比和参考别人的论文或者文献时，我们一定要揣摩别人论文的思考方式和逻辑，为的是文章能够顺利发表，但归根结底，必须要有我们自己独到的观点。

好的文章选题，不是光看别人的文章就想出来的，是先消化前期资料，之后阅读别人的文章，受到启发，有了选题的灵感后，再加上自己的资料，才能顺利让选题成形。

论文正式动笔前，现有的参考文献我们必须先消化吸收。参考文献对于论文写作能起到启发作用，但从严格意义上说并不能成为论文写作的资料。从期刊的论文发表态势来看，二手文献或二手资料也很难成为论文写作的核心资料，其在论文写作中的作用越来越被弱化。

论文资料是撑起整篇文章的关键所在，我们在写论文之前，最好找到属于自己"独有"的资料。史学对此的经典结论就是有一分史料说一分话，正是基于资料奠定文章的基础性质而言。论文写作之前，在慢慢消化现有的资料后，我们就可拟定论证的方式方法，逐渐形成个性化的论文写作思路，如果前期工作扎实，后期就能有下笔如有神的感觉。在后期论文框架初步敲定后，根据论文写作需要，可以再补充完善新的论文资料。

二、文献资料不分类归纳，取用不便

还有一些人是把资料收集后，随手就一堆堆地扎起来，放在那里，没有及时进行分类和归纳，后果可想而知。等到他们真正要用的时候，要么找不到，要么没有汇总整理，难以转化为具有一定价值的理论文章，白白错过了一些好的选题。

收集资料的时候，我们一定要及时把资料分门别类，放在方便自己随时能找到的地方。前期该做的工作做到位了，每天都在总结，每天都在学习，有想法时我们的文章就能写得非常快。每一份资料最好都用我们不会丢失、忘记的方式来存放，可以用电子版，也可以打印出纸质的稿件，有时间也可列个文件目录，用文件夹的方式保存起来。当然，每个人都有自己收集资料的方法，这里列举几个常用的、比较方便的资料归类方法，大家可以做参考。

一是用QQ说说。我们平时的一些感想感悟，及时发出来，在编辑发送之前，最好能在每段之前加个说明，或是放个关键词在前边，便于后期检索。每十天左右，我们可以把QQ说说做成电子文档，打印出来，专门放在一个文件夹里。有些文章，我们可以把QQ说说里面的内容串联起来修改发表，这些看起来不经意的想法，在特定的时候会非常有价值，而且在QQ说说上发表观点，会受到发表字数的限制，实际上也训练了我们遣词造句的写作编辑能力。

二是通过微博把自己的灵感和想法随时发出来，只要用心整理，努力就肯定不会白费。

微博表达方式快捷灵活，无论在手机操作还是直接上网，都可将自己的所想所感、所思所悟随时发布。在微博的世界，我们可以随时与所有人实现灵活的即时互动交流，不同的观点可迅捷地展开交锋。

在微博上，绝大多数博主都是匿名，不会因为和你认识与否，抬举你或给你面子。只要博主心有所想，便可借匿名优势，畅所欲言。此种情形下，对于专注学术者而言，是与读者互动，并从中真正体会"三人行，必有我师焉"的难得良机，学术论证即使短期无法充分展开，也可以深化与升华。

真正的好处就是，你有想法，可以说出来；你想听他人想法的时候，可以尝试通过微博发感想，别人通过评论的方式说出来，他人评论的精华思想能及时为你所用。这是一种很好的，与网民交流互动的方式，只要不说太过激进的话，把握住度，就可获得一举多得的效果。

三是充分利用QQ空间。QQ空间可以用来上传一些法律法规或典型案件。一些地市级、省级司法系统或律师代理的经典案件，部分与专业相关的立法立改废后，可以第一时间放在QQ空间里面，既能自己学习，也能方便别人查阅。在上课或培训时，能方便地提供资源链接，有感兴趣的话题，还可以以评论的方式共同交流。

四是要重视博客的实用效果。检察日报的"正义网"是较早开通博客的网站，开这个博客主要在里面转载一些名人对热点事件的评论，为后期论文写作积累资料。2010年前后，法律圈的人，基本上都在这里开博客，方便交流学习。《检察日报》的编辑也经常从法律博客上挑选文章，给大家提供了一个发表文章的机会。

随着微信的普及，现在用博客的越来越少，但留下的都是精英，发表的博文质量反而更高，编辑选用文章的可能性就更大了。因种种原因，法律博客2020年服务器停用，但微信好友群仍然存在，有好的文章可以在微信群里联系管理员投稿。

五是微信公众号。我主营两个微信公众号，"零点法学"（lingdian-faxue）和"课题申报与论文指南"（KTSBZN）。"零点法学"公众号专门展示与教学和科研有关的信息资料，对法律个案的反思或现实问题的思考。比如指导学生的，有的学生取得比较好的成就，提炼一下经验就可以放在里面，对学生也是一个展示，记录优秀学生的成长历程。另一个公众号"课题申报与论文指南"，专门放置课题的申报立结项和论文写作发表经验信息，便于自己也方便学术同仁查找。

04 积累论文资料，方法总比困难多

一味向别人索取论文资料应急可以，长远看就不是研究资料获取的主要方式。论文没有速成的，论文资料的收集更不能不讲方法，也是要长期积累的。资料积累方法不当，有灵感也可能造成写作进度的拖延，问题早晚都要解决。这里有一些平时常见的资料收集的好方法，大家可以参考。

一、分门别类建立资料文件夹

相关的资料都保存好，适时打印出来，分门别类建立文件夹，把相关信息由电子化转为纸质化。一个个文件夹放在办公桌上，顺便贴上论文的暂定名，是不是可以给自己带来强大的成就感？

二、将资料转化为自己的思维碎片

感兴趣的资料，我们可以在仔细阅读后用自己的语言归纳和复述出来，再用文档的形式分类放好。文章想要迅速发表，一定要有两到三个研究方向，不能一条道走到底。有些学科的文章本身就非常难发表，而人文法律社科相对来讲，大道理都是相通的。所以当我们学会用自己的话语体系转述资料时，就会发现，可以写的文章多了起来。

三、把学生资源利用起来

如果你在个人教学科研之外，能时不时指导些有想法的，愿意且能帮自己查找资料的学生，双方的兴趣能充分结合起来，哪怕是本科生，只要稍加努力引导，学生们也能让你收获意外的惊喜。无论什么样的学生，要相信他们有成才的潜力！特别是硕士研究生。所以我们完全可以不分亲疏，只要有学生请教，就大胆指导，在不闹出矛盾的前提下，实现双赢。

那些参加工作的学生，多关注他们的微信朋友圈、QQ空间，他们能提供实践中很多有用的信息。当论文缺乏资料时，在群里打声招呼，也许就能有意外的收获。必要时，我们可去学生那里实地调研交流，一趟走下来，不但感情有了，高质量的论文资料也收集足了。我在高校工作这些年，每年教那么多学生，即使只有十几个身处一线岗位的热心学生，一人给一点点好东西，写论文所需的资料就已绰绰有余。

四、不能放过指导本科论文的好机会

本科生中写作能力出色的，从大一就可以培训他们，能收获好的帮手。到他们大四时，说不定还能给我们带来意外的惊喜。有的学生可以写出三四万字的本科论文，如果我们愿意抽一个月左右的时间去精修，在这基础之上，拿个省社科基金或厅级项目应该难度不大。在学术团队内部，团队老师可以把自己准备报的课题给本科学生先去准备资料，以此完成本科论文初稿，最后再由老师和学生共同执笔。几年实践下来，效果会很明显，核心论文和省部级课题可能就都有了。

如果老师有课题，可以将自己的课题框架分开，直接让学生们自选。其中有的学生会有自己的想法，而有的学生则全靠指导老师带，对

于这种，我们只能将个人课题与学生的毕业论文挂钩，拉着他向前走，共同成长。

随着教育部全国本科毕业论文抽检信息平台系统的建设，2022年以后，论文指导中让导师痛苦不堪的问题可能会有所减少。

五、要用好上课的机会，教学相长

其实这就是换个思路——逼着学生成长，让学生自己去查资料，去思考论文的写作，这样成长的机会是双向的。在教学环节让学生每人查一个案例，通过平时的作业，学生和老师都能有所提高，对疑难典型案例的讨论，对实证类论文写作都有很大的帮助。还有教学改革类论文，学生对问题的思考和解决，不同学生和教师对待教学的态度，都可以给课题提供参考思路。

我国幅员辽阔，不同的地方各有不同的问题，高校的学生来自各个省份，对当地的情况可能比老师更为了解。特别是民族地区的一些资料的收集，如果学生就是当地的少数民族，这调查对象不就在身边吗？如果学生对这样的主题感兴趣，吸纳他参加调研活动后，在学生的生活圈范围内就可以充分调动资源，实地调查活动中因为师生这层特殊关系，自然就能顺利很多。相关论文完成后，涉及民族地区的论述，请该区域的学生提提意见，能减少文章的致命性问题，更能提高论文或著作论述的深度。

人的精力是有限的，区域性的研究可能更为深入，但整体性的研究就不大可能做到每个地方都进行实地的调研。因此，充分借助学生的群体力量，我们不但可以顺利完成教学任务，同样也能做好科研。

六、要想办法扩大朋友圈范围

加了微信好友，就要看看他们都在干什么。如果别人去开了学术会议，而我们因各种原因没法成行，那就试着找他们要电子版论文集打印出来，如果有录音那就更好，有时别人的想法就能激发自己创作的灵感。

互联网社会与微信时代到来，除了个别人，现在很难找到50岁以下不用微信的，也很难找到一条朋友圈都不发的。只不过，职业的差异会让微信朋友圈也呈现各自的特色，产生一定的隔离。企业微信投入应用后，员工的一些感想或工作上的汇报就更呈现出精彩的一面。企业微信在不加好友的情况下，也可以看到他们的朋友圈分享的内容，在学术研究部门，不同人员的工作状态或工作感想都能激发我们的灵感，也能及时补充新鲜资料，有效提升学术研究的深度。

比如在公安系统内，不同的警种都各自有自己的一些小秘密，如果我们有意识地经常看看其他部门人员的微信朋友圈，不经意间一些小的感慨或许就能引发我们学术上的思考。涉密类的文件虽然看不到，但相关人员的行为中总能发现可供探讨的问题，从而在论文的写作或调研报告中系统性地梳理出我们自己的学理性思考和有针对性的对策，更接地气。

我们从事学术研究，不能被封闭在一个固定的区域内，要经常性地出去走走，长期不和外界联系，不参加必要的学术活动，学术上很难成功。一般来说，每十年为一个时代，不同时代的人想法完全不一样，每代人有每代人的使命，每个人有每个人的理想。

因此，适当扩大朋友圈范围，为自己未来的学术创造一种大气的格局，才能端牢学术研究这个"饭碗"。

七、巧用活用微博

我们如果有一些不成熟的想法或者想听听同行的意见，可以先丢点话出去，由他们帮我们完善思路。很多不经意间的评论往往是一个人最核心思想的表达，而且不用付费，可能一瞬间就能让我们茅塞顿开。在微信时代，微博仍有着强大的使用群体，"粉丝"经济还在创造着神话。我在写一篇申诉案件律师代理的论文时，有些资料因年代太久，无法查找，于是我通过微博检索，发现一些申诉人、律师早就将申诉书、关键证据甚至完整的卷宗存放于网络中，将提取密码也公之于众。借助这些材料，我的论文写起来就非常顺畅。

为了保证论文的学术立场，我们也可以从法院、检察院、公安、被告人、被害人几方寻找平衡，这样论文的深度也能得到提升。

05　你吃过的苦，受过的累，写论文时千万别忘了

资料收集最便捷最实用的途径，就是要和工作结合起来。设想一下，教学工作是教学的工作，科研工作是科研论文的写作任务，二者没有任何交集，这样的生活是不是太累了！而这样的学术真的就成了"生存式学术"，评完该评的职称，文章从此不再写，课题从此不再报。试问一下，如果大家都这么干，单位如果有一天不在了，我们该何去何从？如果在单位干得不顺心了，有没有能力找到下家？做科研是我们本职的工作，更是我们的本分，能将二者巧妙地结合起来，工作就不会那么苦了。

一、以本职工作为中心收集资料

以本职工作为中心收集论文写作资料方式是最好的，很多人觉得工作是工作，生活是生活，论文是论文，应该分开。其实大学里面的工作、学术和生活是分不开的。我们在工作中遇到的问题，如果把它高度提炼，进而学术化，提升空间是很大的。

在有些工作中，存在特殊的资料来源渠道，这是其他工作所不具备的。高校里的一些特殊岗位，从事相关领域研究具有得天独厚的条件，稍加提炼就是不错的成果。

在共青团工作，团委组织的相关活动资料不都要经我们的手吗？天

天做着这些事，每天都在思考团组织活动如何更好地展开，感想自然不会少；在纪监系统工作，处理过那么多案件，案件之间有没有联系与区别，如何防范类似案件发生，这些问题估计天天都在我们脑子里转；在高校行政系统工作，被省级国家机关抽调参加专项活动的机会自然就多，看得多做得多，思想也应该同步思考到位，经验需要总结，理论也要实时推进。

如果我们在辅导员岗位，天天埋怨学生难管，自己和保姆差不多，面对上课玩手机、下课打游戏的部分学生，这些问题怎么解决？难题既是现实中的工作问题，也是需要在学术上提炼提升的理论问题。我们尝试将问题精准化，难题是不是就有了解决的办法？谁在玩手机、什么课在玩手机、都在手机上玩什么样的游戏、学生一天的时间是如何分配的……找二十来个问题最大的学生进行深度访谈，既关心了学生，又能积累并提炼出难得的论文素材。

硕士毕业后，我在贵州一所普通市属院校工作，月工资一千块出头，实在是捉襟见肘，只能想办法做点兼职。可身为高校教师，不做科研评职称就无法在学校立足，还是只能在谋生和学术研究之间找到平衡点。

我刚开始做兼职律师时，代理的刑事案件比较多，随着法律的日益规范，刑事案件的卷宗越来越厚，被告人越来越多，开庭的时间也越来越长，有的庭审要持续三四天。但实际上，每个被告人讲话的时间有限，每个辩护人讲话也有既定的流程。后来我发现，不能把大块的时间浪费在庭审中，实际在这个过程也是可以写很多东西的。随后根据庭审中的观察思考，我就在卷宗的背面写了很多总结，通过这些卷宗上的理论实务感想，顺利发表了几篇论文。后来靠着这些成绩，我成功申请到教育部和国家社科基金，再后来，又靠着这些成果和课题读了博士，最终离开了老东家。

平时自己做着的工作，从中获得资料最为便利，思考也有深度，适当提升学术性，我们在此基础上撰写文章或申请课题应该会比较顺利。当然有一些人是例外，工作和生活是相对分离的，工作完成得很好，生活中的兴趣爱好也多。平时不工作的时候，就是玩儿，等到评职称的关键节点时，他立刻可以从爱好中发掘出学术的闪光点，可见平时的积累有多深。

二、吃过的苦受过的累，不能写论文时都忘了

除了实务部门下属的事业单位以外，公务人员不需要写论文，资料一大把，却鲜有人研究。

以我目前所在的公安系统院校为例，学警的实习是实实在在要在基层工作半年，派出所24小时备勤，三班倒的工作，经常临时出任务，让学警们快速成长，也让他们受了不少苦。

所以，在本科论文的指导过程中，我们就可以根据学警的实际情况，让他们从实习中参与的具体工作出发，提前锁定论文主题，同时在不泄密的前提下，在实习中尽可能收集论文所需的资料。这样，即使再没有想法的学警，完成一篇一万字的毕业论文难度应该也不会太大。

每年10月份实习的学警返校后，紧接着就进入警联考倒计时，而本科论文写作就不得不往后推。如果能牢记论文资料的收集方法，让学警们将吃过的苦受过的累，一边干一边想，及时总结出来，论文写作任务就能事半功倍，触类旁通。

经过六个月实习期的长期思考，学警们积累的论文素材足以应对

一万字左右的学位论文任务，按时毕业，顺利拿到学位，入警都不是太难的事情。我可以夸张一点地说，能否完成毕业论文就是检验实习效果的最好"武器"。凡是实习中没有认真干活，没有将所学知识融入实习中去的学警，只干事不思考，工作与学习完全割裂开，经手的工作就应付推诿，在实习和入警考试复习中一心二用，到最后什么都没干好，抱怨就成了常态。所以，将工作、生活、学习与专业结合起来，完美地达到每一个环节所要求的目标，是社会竞争对专业人士的要求，也是提高工作效率的关键。

有学警在某市110指挥中心从事警务辅助工作，我便让他选警务警情处置的相关问题，天天被警务警情牵着鼻子走，就算发牢骚也应该发得专业；在市公安局政治处实习的学警，跟着领导做了六个月的民警权益维护工作，那么民警受到的委屈能不能解决，怎么解决，根本性的方法是什么，应急的措施又是什么，这些要是能答上来，毕业论文选相关的方向写，就不用担心答辩。

简而言之，我们先让学警诉诉苦，等说完了就引导他们思考问题，再设法让其将工作中的苦和抱怨转化为解决问题的动力。学警吃过了苦，就有了表达的欲望，这时我们就要引导他们深度思考，而不仅仅是停留在诉苦这一低端的初级阶段。

所以说，论文写作能力的训练，可提高学生适应社会的能力，从长远看，也能提升学校的知名度。

06　论文写得快，全靠老爸老妈来帮忙

在消化前期资料之后，我们的论文就进入正式写作过程，这个时候如果能有个好帮手，帮忙查找更多的相关资料，再有个高水平的批评者可以经常提提意见，论文写出来，想不顺利发表都难。有位学者专门研究政法委相关的问题，论文资料扎实，问题直面现实，论文在圈内也相当出名，有些比较久远的资料他那里保存的概率也比较高。后来，他在一本书的后记中透露了"秘密"——他父亲曾在某市任政法委书记长达十年，从未离开过政法系统。上阵父子兵，这样的资料获取途径，谁能比他有优势？大家只有羡慕的份儿。不过这件事也能给我们一个启发，即论文资料查找要学会借力。

一、上阵父子兵，这优势试问几人能比

改革开放40多年来，国内一些行业面临如何继续保持高速发展的问题。实务中的难题往往离不开学术的推动，被别人卡脖子的仍是在理论上没有突破的科研问题。因此，论文选题写作应该尽可能从实务中来提炼，论文写作中的资料获取的困难，恰好是来自实践又应用于实践。

我以前指导过一个硕士研究生，他的父母都是医生，父亲一直在一家民营医院工作，也参与医院的管理工作。在指导选题时，我得知他平时也关注医院的话题，有收集一些前期的资料，便建议他主动找父母

谈谈，梳理一下国家对于民营医院的政策，再看看港澳台地区医院的情况。于是，他在完全消化资料后，找自己的父母深谈了工作的情况，又深入了解了民营医院的一些内幕，最后借助父母工作上的便利，顺利完成了硕士论文。

我另外一个学生，父亲是一名交警，专门从事交通事故认定，对当地的交通执法情况自然烂熟于心。我便建议他趁假期到他父亲那里实习一段时间，仔细思考交通事故认定中老百姓反映最强烈的问题是什么，警察在处理中的难点又是什么，在实习中务必要全方位、综合性地收集资料，查清楚交通事故认定后，申请复核阶段的当事人都有些什么观点，同时要查阅近年来当地法院在此类案件中如何判决，律师在交通事故案件中都能做些什么，假设自己是法官、律师、警察、当事人，扮演四方角色，从中发现要研究的问题。

在他这篇硕士论文的写作过程中，他的父亲成了他的第一个读者，工作中苦恼的事也多是与法有关：违法行为人讲歪理、电子眼处罚程序规范、信号灯优化、电动车违章处罚、智慧警务数据权限等，这些指定命题都要在论文中一一作答。为完成论文中指定要他回答的"复杂问题"，他掉了不少头发。论文完成后，他父亲非常满意，从内心完全认可了儿子作为研究生在他心目中该有的地位。毕业后，这位硕士生专门从事交通事故案件代理，业务水平提高很快，几年下来就成了律师事务所的合伙人，真正将学术与实务融为一体。

还有个本科生，本科论文选题研究的是中小县城养老领域的社工介入。在中部地区这个话题比较新颖，论文资料查找有一定的难度，但对他而言则完全不成问题——他父亲是他老家那个县的民政局局长，对上层的政策、中层的落实，下层的实情都是很清楚的。这种便利的工作条件和内外部资源的辅助当然无人能比，以至于他的同班同学羡慕得眼睛都红了。当然，如果他仅凭这些资源，自己什么都不做也不行。这名学生本身的努力程度也超过了95%的同龄人，上课永远坐在第一排，回答问题精准到位，什么样的事找他，永远是随叫随到。他毕业后，顺利进入某"双一流"高校攻读硕士学位，如今时不时仍能听到他的好消息！

二、哪里能便捷获取研究资料，就写哪方面的论文

别人的论文选题定了，资料全是由爸妈提供的，而你的论文选题定了，难道就真的不知从哪里找资料？可能有人就要说了，我爹妈就是普通老百姓，什么资源都没有。我们设想一下，这种说法是完全不成立的，所有人都有自身独特的资源，只不过看你如何对自己定位。

如果你是农村出身，从来没有离开过农村，国家乡村振兴局不就是要解决农村问题的吗？如果你来自贫困地区，扶贫不就是近年研究的热点吗？当地为什么一直贫困，怎么解决贫困，这难道不需要去破解吗？农村基层自治、农村养老、农村医疗、二元化城乡社会破解……到处都是需要我们去研究的问题。

再退一步，如果你是出生在城里的"农二代"，你身边的人不都是农村地区长期外流城市的人口，那么关于第二代农民工、婚姻、市民化这些问题报纸新闻不是天天都在说吗？

如果你住在广州、深圳等大型城市的社区，遍地的城中村与高楼大厦共生共存，想必不会对很多问题视而不见——旧城改造、社区自治、群租房、网约房、青年成长、小产权房……随便打开相关领域的期刊翻一翻，编辑最喜欢的选题不都来自这几个方面吗？

如果你出身中小县城，农民市民化对小县城的影响、县域市民社会

治理等都是研究的热点，这些问题也是政府最头疼，最需要下大力气解决的难题。

所以我一再强调，研究问题要接地气，不光要解决研究资料的来源，更要把论文选题与现实结合，真正做到"将论文写在祖国的大地上"。

用好一切能用的资源，联系自己的亲戚朋友，只要用心，你的身边可能到处都有宝贵的资源。亲戚要多走动，朋友是麻烦出来的，多找实务部门的同事聊聊天，加深感情，饭桌上的闲聊完全比中规中矩的谈话来得更直接。因此，充分运用亲戚朋友收集资料，做问卷访谈，出成果不是什么难事。

如果我们身边有在体制内，写作能力不俗的朋友，那更可以经常性地拜访他，倾听体制内的声音。一线人员大都具备独特的观察理论是否合适的视角，在一二线城市，公务员是不少人首选的就业渠道，当然即使身在体制内，一些人还是面临生活压力，也要不停奔波，但这部分人却是最为优秀的专业人士。有的律师一边办案一边写作；有的检察官诗歌、小说、论文样样精通；有的法官年年出书。他们是我们了解理论在实践中运用情况的又一途径，也许他们的习作从学术角度看不是那么上档次，但文中所提到的事实或观点，却可以给我们这些学术圈的人士提供内部的观点，多一重视角，论文自然能更加完善。

如果公法检系统人员有随笔出版、内部资料赠送或微信公众号，我们也可以从中找找论文写作的思路。内部人经历过的事情多，熟知案件流程的问题所在，不经意间的一句话就能帮助我们扩展论文的走向，特别是那些从体制内辞职的朋友或亲戚，大多具有高超的交际能力，乐于帮助、成就他人，是难得的人脉资源。

　　当然，在我们个人学术的起步阶段，特别是在本科或硕士等学位论文的写作中，这种资源着实难得，借助资料优势，找到兴趣点之后，完全可以先人一步完成论文。随着我们的学术研究日益成熟精进，这仅仅是可以获取论文资料的一小部分，理论的构建及关键环节的创新将成为新的问题。从长远考虑，个人的学术贡献不能完全局限于以自己获取资料是否便捷作为主要考量因素，宽广的学术视野需要我们将目光投向更为辽阔的远方。

07　抽空多看看微信朋友圈

在不少人微信朋友圈关闭或停留在N年前的当下，能有个经常发朋友圈的朋友或微友，尤其是在学术上或不从事学术但很有思想的微信好友，你一定要好好珍惜！人文法律社会科学的研究，经历很重要，读万卷书不如行万里路。

在微信时代，你没有到过的地方，你没有读过的书，微信朋友圈都能帮你实现。而学术研究者的朋友圈主要是记录学术会议，方便年终总结，三句话不离本行，微信分享也是保存资料，便于后期检索的好途径。在企业微信兴起后，能在微信朋友圈发动态的朋友更值得大家珍惜。

一、日益学术化的微信朋友圈是检索资料的工具

随着微信功能的日益强大，它成了新的社交工具，微信好友的日常动态也成为学习的另一个场域。开了几次会后，大家就会发现，会场发言活跃的同行一般在微信上也很活跃，多半是才气外露型人才。他们每天朋友圈分享的不是论文就是会议目录，或是线上会议的邀请。不同的圈子有不同的生活，学者的日常生活主要是看书和写字，散步、吃饭和睡觉前后的时段是微信圈分享学术最集中的时候。

在双一流改革之下，高校竞争日益激烈，学报编辑部为了吸引到好

的稿件，开公众号、微博、抖音也成了常态。而日益学术化的微信朋友圈让学习成了时时刻刻不能停的一项工作，一些学者在分享的同时，将观点也明确表达出来，我们如果对该话题感兴趣，完全可以提前思考。

一篇论文的构思从最初的稍有感觉到决定动笔，仍有很长的路要走，教师的日常教学与科研都需要最新的案例，所以微信朋友圈的学术性分享为我们提供了丰富的社会热点资讯。

通常而言，研究法学、社会学、民族学和政治学的科研人员微信更新比较快，其次是律师行业，微信成了他们宣传自己的新途径，办案感想与日常生活都有挖掘的价值。

随着案件日益新型化，案件涉及的法理、情理都需要寻找解决方法，律师业务也需要对问题加以探讨。如有可能，我建议大家多加一些律师的微信，在有些领域，实践永远走在理论的前沿，学术研究要有一定的超前性，快速获知信息的重要性在学术研究中不容小觑。

二、微信朋友圈是活态的大百科全书

在学术研究中，有个可资料共享、信息互通、互帮互助的论文圈子十分重要。论文写作中，因学科与视角不同，别人用过的资料我们仍然可以再用，而且在不同学科的对比分析之下，论文的深度反而更能体现。如果我们的好友数量足够多，微信朋友圈就是一本现实版的大百科全书，各行业对热点社会事件的态度能让我们的论文更接地气。

如今我们生活在一个信息大爆炸的时代，真假信息混杂，有用的信息常常难以检索。所以高质量的朋友圈能保证我们的信息来源相对可靠，大到国家政策，小到行业秘密都能知晓。利用休息时间，顺手看看他人的生活和所思所想，对提高我们自己论文选题的驾驭水平，完善论文框架也有很好的促进作用。

如果这些水平较高的微信好友能分布于多个行业更好，在司法机关、新闻、医药、大学、农业、建筑、金融等领域，专业人士对热搜上的事件一句不经意的评论就能对我们提炼论文选题与提升写作质量大有裨益。

不同的人因圈层不同，对事物的看法有所差异，正因如此，世界才变得丰富多彩。我的微信朋友圈向任何人开放，要求只有一个，实名制验证，我要知道你是谁，是干什么的？曾经有几个论文中介加我微信，看他们每天都很勤奋的样子，我还顺便了解了一下贴在电线杆上的论文都是谁在发，价格在什么水平。

还有一些论文培训机构的工作人员，抛开是非对错，他们的定向写作的水平确实不错，选题和最后的定题都很好，在宣传方面做足了功夫。论文中介还会经常发朋友圈，选题方向：多民族混居社区居民的"美好生活"（质性研究），拟发期刊（目标期刊）：某某民族研究。连中介都知道论文怎么发表，还知道研究方法、依据理论等，我们凭什么还不努力？

多看看微信朋友圈，能较好地完善论文写作思路，我之前写一篇关于警察在婚姻纠纷中的地位的论文时，将圈内几个常年办理婚姻案件较为出名的律师微信置顶，朋友圈更新及时查看，既解决了资料来源途径问题，又了解了一线实务情况。对比警察圈出警的动态、法官朋友圈的感悟，我对婚姻纠纷难处理就有了更深入的了解。律师们身处一线，了解最新的法律实务情况，对于法律实施情况感受自然最深。有个律师专门代理婚姻纠纷，微信介绍就一句话：干掉家中母老虎，消灭中山狼，收拾陈世美，休掉潘金莲！这宣传多霸气，都懒得向当事人介绍自己。

对于热点事件，朋友圈多半是撕裂的，不同的律师都乐于发出自己的声音。他们对热点案件背后的法律、政策以及可能涉及的深层次问题都能及时分享自己的观点，尤其是在案件遇到阻力，被看不见的力量左右时，永远冲锋在前，显得自信沉稳；有些行业的从业人员，朋友圈却几乎从来不更新，永远停留在微信元年，或者是：哇，真准，电子算命，你测测；从事社会工作的朋友们的朋友圈则是正能量居多，对于国家政策实施的称赞，对于行业社会贡献的叫好，总是能保持奋进的动力，也是一种思路。

三、微信分享是保存资料的好方法，便于后期检索

论文的写作来自厚积薄发，平时注重积累才是写论文的正确姿势，专注学术而将其融入自己的工作与生活之中，更是学者的常态。另一方面，为便于资料检索，不少学者的微信分享承担了资料收集功能，在实时分享文章、案例或新闻时与个人的感想结合起来，将学术与日常生活融为一体。

一些学者除了看书写字，没什么才艺爱好，生活过于单调和"无聊"，天天思考怎样写好文章、如何报个好课题，以能在专业顶刊发表文章、中标国家重大招标课题为荣。他们常用的微信或其他交流工具也被高度学术化，看到好的文章就收藏分享，以至于手机开关机越来越慢。他们即使散步时也自言自语，还悄悄用笔记下来或在微信中用文字加以记录，搞得大人小孩都不喜欢，偶尔也被学术圈外的邻居当成神经质一样的存在。

当然，网络世界也并非完全美好的世外桃源，对中西医的争论、流浪猫狗的去留等问题都会引发网友的争吵。如果我们微信好友加得过滥

过多，看多了朋友圈自己也会变得焦虑，有利有弊，可根据自己的情况综合考虑取舍。

此外，网上的段子有时候也有一定的参考价值，我们不仅仅要看同行的观点，每个群体都有自己的发声渠道，每个人分享的信息都是自认为最有价值的，思想决定行动，不同群体之间的行动需要总结，更需要思考为什么！

四、要好好感谢微信群里上传材料的热心人，他们是学术界的雷锋

专业性的微信群热心人多，缺少参考资料、电子图书、讲座PPT时，在群里喊一声，只要别人有的，多半都会给你。如果你加的学术性微信群不少，很多资料都会源源不断地"被动"接收到。在一些高校博士生的圈子里，一些不分学科的大群里能人很多，线上线下都有定期的交往，彼此之间互帮互助，打造了新型的线上职业共同体。

每当大型课题立项、权威期刊目录发布、重要白皮书公布、官方调查统计数据出炉等日子，微信群最为活跃，红包雨不断，想找的不想找的都能在微信群里得到呼应。

在专业性的多学科微信群，不同专业对同一个问题发声，在讨论问题时更能给人以深刻的启发。当然，缺点是手机和电脑会被太多的资料带慢，保证一个月不到，就让你的CSSCI盘越来越小。所以说，微信群加多了也有难受的时候，自动下载保存的资料太多，信息丰富到要定期清理。

除企业微信之外，一些警察等专业人员使用的警务通，类似于微信分享或工作记录性质的资料更值得重视。对学术研究而言，我们需要知道的事情越多越好，对于各警种公开分享的材料或信息，通过警务通的

个人动态获取是个难得的途径。

经过长时间的关注思考，当行为逐渐成为一种习惯时，好处也显而易见，但缺点是似乎我们永远不能跟上这个时代！写论文的时候，之前不知道怎么分析，现在能写了，倒完全写不了低于15000字的短文章了。

第四章

把前浪拍在沙滩上全靠这点硬货
（创新）

创新是学术论文最终得以发表的关键，论文是否有创新有着独特的判断标准。通常而言，通过选题检验的选题在创新性方面问题不大，不能以论文是否发表在高级别刊物上为评价标准，更不能将选题或论文题目是否中标课题予以评判。在论文发表艰难的当下，论文的创新水平与社会热点的关联度密切相关，多数人文法律社科论文的创新可以从国家文件等资料中找准现实需求，突出论文或选题的关键创新点，以理论回应社会热点问题。

01 论文发不了，绝对是在创新环节出了问题

论文发表中的困局，无数人试错后才发现两个真相：一是论文没有写好就拿出去投稿，基本上是慢性自杀。什么时候死自己不知道，更没有人通知你，或者是永远停留在初审状态的长生不老；二是世界上最急不得的事情就是学术研究，火候没到位，个人学术积累不够，该做的前期工作没做好，压根写不出来。即使勉为其难完成，自说自话式的瞎编乱造等于没有写，发表不了，丢又舍不得丢，这样的鸡肋多了，学术自信心慢慢就消磨没了。

如何做到论文创新，功夫大都在平时，要通过不断地阅读和思考锻炼提高，才能深刻理解文章的切入点和创新点究竟是什么。具体来说，寻找论文的创新性元素，我们可以从以下几个方面入手。

一、创新要建立在对文献阅读高度自觉的状态上

读多少论文才会写？这个问题是我经常被问到的问题中最难回答的一个。读论文读到多少篇才会写，每个人的感受不一样，但基本上都要到一天不读书睡觉都难受的状态。

俗话说曲不离口，拳不离手，凭手艺吃饭，谁敢松懈？阅读是基本功，常读才能常新。论文要想顺利地发表，一定是要在前人的基础上去不断发现问题、突破和创新，逐渐形成我们自己的创新性的观点，才能真正写出属于自己的文章。

我们要学会在期刊需求与个人知识结构中寻找平衡，在多阅读多思考的基础上，慢慢体会出创新的快乐。当然，在不少期刊以热点话题找名家约稿的当下，也会存在越是热点的投稿越是被各路"大咖"垄断的现象，似乎无名小卒写出来的文章根本没人去理会。但我们反过来想想，创新如果能在精细化上下功夫，是不是照样能打出一片新天地？

任何人都有自己的弱点，同理，再弱的人也有自己的强项，用心寻找自己最为擅长的领域，关注一个问题时间长了，到了每天不看书、不看专业文献都睡不着觉时，属于我们自己独有的创新性论文就离出炉不远了。

二、对核心文献阅读时要充分深入地思考

论文创新还建立在对本领域核心文献的阅读基础上，我们只能经过不断地深入阅读，不停地思考拟写论文关键词所属的核心文献，才能逐渐形成自己的思想。

此外，论文写作是个慢活，学习的每个阶段都要形成深入阅读和思考的习惯，输入和产出的基本动力来自我们对专业知识的理解和应用。如果我们平时不怎么看一些纯理论学术性的论文或资料，写论文时就会出现各种各样的困难，对参考数据资料的收集把握也很难一下子掌握。同时，有的论文主题本来就不适合问卷或访谈法，那就需要用新的方法加以研究，在理论上深入阐述。

对于一些运用个案写作的高水平论文，我们要学习其处理涉及隐私的个案技巧，因为论文写作在细节方面有很多要求，如果处理不好，就会陷入写了发表不了，不写又毕业不了的窘境，因此要确保能写得出，更能发表。而论文的写作形式和要求是形式方面的基本功，是最容易解决的小问题，只要稍加注意就能过关。

三、有好的资料，才算刚刚摸到论文保险柜的门边

有人一直认为，有好的资料论文，论文就保险了吧？可实际情况是，有了论文资料只是万里长征的第一步，如果写不好也会白白浪费了宝贵的资料，即便你的论文资料非常独到，也只是刚刚踏出万里长征的第一步，革命尚未成功，仍须不断努力。

论文是否属于真正的创新，检验的标准只有一个：抛开各种发表的不利因素，以发表认英雄，能不能快速发表到核心期刊？如果受到各种限制条件影响，那就看能否顺利通过初审，连续投几个专业期刊，编辑初审这一关都过不了，说明我们的论文在最基本的选题创新性上就有问题，仍然需要继续阅读文献资料，继续校验选题。

有的作者常常低估自己，查询自己要写的论文，一查知网一大把，觉得还有什么必要再写？这类作者除了自己不停地阅读文献，学习写作技巧外，如果能听听编辑的专业性意见，或许就能得到一次飞跃的提升。所以为了防止论文发表后长期引用率偏低，提前让编辑找出问题的症结是一个不错的办法。

实践中，期刊和作者信息难以实现及时沟通，写的只管写，审的只管审，审的看不上写的，但期刊又似乎永远都缺少好稿子，作者也抱怨总是遇不到伯乐。现在，一些期刊也尝试着改变现状。如《数量经济技术经济研究》就向作者说明需要什么类型的稿件、投稿注意事项、论文分析论证、论文题目设计、行文布局、文章开头结尾如何展开、论文中的语言表述、撰文细节、投稿的前期准备等，一一向作者提出了较为中肯的建议，以破解大家屡投不中的困惑。

02 趁着年轻，早点把自己逼成多面手

在高校校园里，我经常听到的一句话就是：学术研究要做到专、精、细，不能到处乱挖井，今天研究这个，明天研究那个，最后研究成果什么都有，不提起研究领域，别人好像都不知道你到底擅长什么。但对于这一点，我们仔细观察，真正的专家哪个不是握着几个研究领域，哪个的研究方向不是从零起步，哪个人又是靠着一篇论文就奠定自己学术地位的呢？

在名家及弟子们成体系地占据核心期刊的时候，我们这些普通出身的青年教师该如何突围。在量化考核指标下，先立足再立身是为工作而奋斗，为学术而学术是有条件的，堂吉诃德式的英雄不是学术的常态。

一、利用丰富的知识储备应对复杂的工作

想成为多面手也并非容易的事情，要在工作中积累，更需要在工作时间之外看书学习。单位需要做什么事，就快速地顶上去完成，这样的人哪个领导不喜欢？科研方面更是如此，在论文发表难进入常态化后，有的学科论文发表难度更是成倍增加，别的学科知识我们又不具备，学习又学不下去，难道非要等着人事处下通知才走人吗？

在课题申报环节，地市级的社科基金一般都是资政类的课题，要将知识转化为能力，我们不申报如何能证明自己的能力。在教学中，面对

新课，老资格的教师可以一句"教不了"就不教，初进高校的青年教师哪有专业对口的核心专业课等着，老教师已教了十几年的课，凭什么就白白交到你们手上？

在人才引进关口，除了专业体系完善的院校，新进的博士很难完全实现专业对口，一些大批量引进人才的高校，对应的多是社会工作、旅游管理等专业。尤其是就业热门的一线城市、新一线城市，只有新办专业才有新毕业的博士进高校的机会，或者是降级进入高职院校。

这就意味着，进入此类高校专业，我们就要做相应的调整，社会工作专业有很多细分的专业课，社会政策、医务社工、禁毒社工还有合同法、婚姻法等法律课程，无论是学思想政治、社会学、政治学、法学、心理学还是别的学科，都要围绕着新设立的专业转型。

但如果我们的知识储备到位，在教学环节储备到位，说不定就能在就业时打开一片新的天地。在教育部就业率考核下，就业率低的专业招生指标相应缩减，包括研究生招生在内的专业调减早已成为常态。在高校大面积扩招20年后，传统专业呈饱和状态，在发展新专业时，师资通常优先在校内外整合，知识面宽适应性强就能抓住机会。除非我们是专业"大牛"，否则哪只飞到东南的孔雀不需专业微调呢？

实践中，专业交叉更有自己的优势，在备课中如果我们能将原专业知识与教学结合，发现本专业视而不见的问题，长时间关注后在新专业方面就能有所突破。当下，要想在专业完全对口的领域取得突破，对普通高校的教师而言，难度可想而知，不少学科提倡交叉研究，实际上是为了走出另外一条新路。

二、多面手能将本职工作更多地转化为学术产出

一些初进高校的博士，对工作中的难题难以正确面对，时间一长就会陷入自我封闭状态，不利于专业发展。而部分博士面对新问题，及时调整方向，将工作中的问题转化为学术讨论，积极推动专业转型，几年下来，不时就有核心论文发表。

带着专业看问题，就能将问题专业化，将工作问题及时转化为学术成果，同时面对新问题，更能从不同学科口径申报课题，学术视野更为开阔。

近年来，全国高校都先后成立马克思主义学院，在师生比方面不少高校都存在缺口。在这样的态势下，对思想政治感兴趣的辅导员就有了转岗的机会，而纯文科背景的教师对于马克思主义学院开设的大课教学，稍有教学功底应该也不会有问题。

但如果你知识面不宽，马克思主义学院常规教学又都是动辄三百多人的大课，肚子里没点存货那可站不稳讲台。面对"低头族"的痛击，讲课就难有成就感，如若再坚持专业一致，学法学的你面对专业师资饱和的现实，就很难成功转岗。

学术无处不在，可以论述的问题随时都有。学术大发展之下，高校的改革也在加速推进，谁又能保证你的专业不会被砍掉？就如同博士就业一样，谁会想到，大家辛苦获得博士学位后，身份地位还不如做行政工作的硕士。诚如网上犀利的调侃：硕士是有固定事业编制的正式行政人员，管理的是拥有博士学位的学术"临时工"。

2015年前后，我经常遇到博士朋友们的离职咨询案件，一些学校人事处的处长天天被堵在办公室，博士成了一些学校的不稳定因素。

如何化解此类问题可能引发的风险令不少高校头疼不已，多年来我

在不少博士群潜伏，听到和看到了太多悲惨的故事。在一次调研中，统战部领导觉得我的提法不错，让我从第三方角度写个对策，我将本校情况大致梳理后，框架很快搭建完毕，交给硕士生写初稿，修改提交后，学校在相应政策上很快做了调整，尽可能平衡双方利益。后来，不少人都要看调研报告，考虑更多人能够批评借鉴，在多次修改后，我以《"双一流"建设背景下省属高校青年教师发展困境及解决路径》为题发表论文，也是对自己多年来研究风格的突破。

多面手的背后，体现的是强大的个体适应能力——在课题申报时随形势灵活调整；论文写作中能抓住一切可利用资源；教学环节拼尽全力，正确区分教学与科研的关系，不挑不拣。所以，我们只能尽量清醒地看待高校里的人和事，世界上没有完全的公平，只有将个人知识与现有资源有机融合，利用一切机会发展自身，才能为单位创造出更多的价值。

03　能中课题不代表就能顺利发核心论文

　　能中课题的创新点就能发表论文？别天真了！课题的立项与论文的成功发表都需要有足够的创新点支撑，但二者对创新的要求并不完全相同。课题立项，重点在于国家需要、选题契合度、资料丰富性和前期研究成果这四点的完全结合。而论文的发表，受制约的因素太多，任何一个阻碍都会让人寸步难行。但无论如何，论文的写作还是要与课题的申报结合，尽可能在二者之间寻找平衡点。

一、论文创新点的选取可有意识地分析立项课题趋势

　　论文的创新离不开对国家政策尤其是治理政策的分析，要系统性地论证论文能否发表到核心期刊，如果我们能在写作之前对与此相关的立项课题作梳理，对该选题进行分析，在论文写作前能把握写作的侧重点，就能为论文顺利发表奠定基础。以村规民约论文选题为例，从2016年到2020年，共有115篇论文发表，如果按常规论文写法，村规民约的主题多与农村社区、民族地区、乡村自治结合。这样的套路放在世界一流高校，借着大牌子，写好了论文，发表应该不成问题，但在一般地方院校，创新不足的劣势就会让论文的前景堪忧。

　　借助中国知网的选题分析，在论文写作不多的领域开辟新的战场，不走寻常路，我们就有可能成功突围。如下图所示，人大复印资料的选

题分析，以选题预判和文献推荐为切入点，将现有文献梳理后，有意识地以社会热点及区域精细化治理为突破点，较冷门的村规民约选题有可能创造出新意，如果选题一味求稳，创新不足的论文发表难度就会成倍增加。

论文的选题与学位论文完全不同，学术论文创新是第一位，目的是快速发表，且定位在核心期刊；而学位论文则以顺利毕业优先，稳定压倒一切。

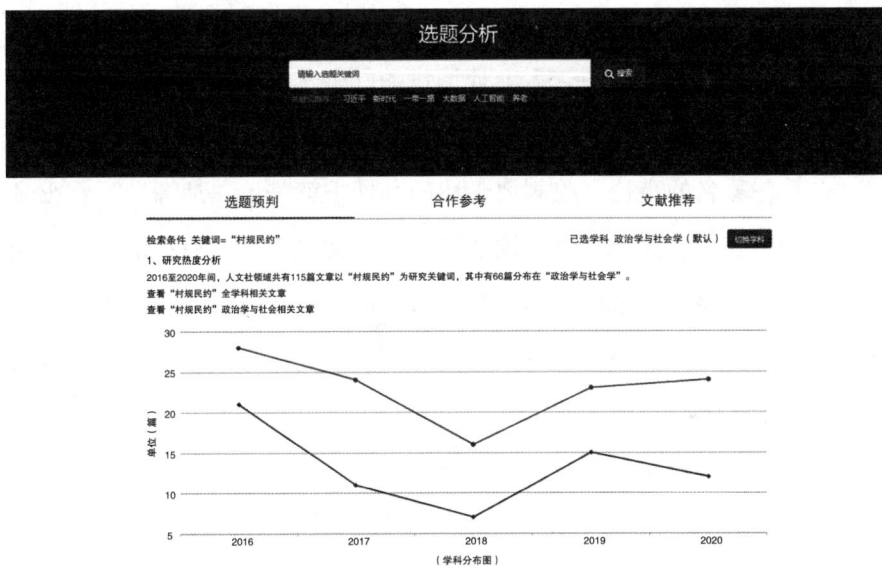

图4-1

二、能发高级别论文不代表就能申报立项高级别课题

学术研究有时候会有让人哭笑不得的事发生，比如有的人什么核心论文都没有，初次申报课题就能中国家社科基金；有的人核心论文一大堆，权威期刊也上了不少，信心满满，申报课题却屡报屡败，课题也就到厅级；有的人一辈子不报课题，评上副高、正高就满足，退休前一年心血来潮，一报就中标国家社科，好好的退休生活还要被科研处天天催

着完成课题。

这些问题的症结在于，论文与课题对创新点要求不同，结果导向完全不同，不能拿同样的模板去分析不同的话题，一把钥匙只能开一把锁，万能钥匙在科研中基本上是不存在的。

当下，不少人都感慨，论文是三分靠实力，七分靠运气，而课题基本上同样如此，课题竞争的惨烈程度在于，不是你论证得好就能拿到，更不是你想拿就能拿到。但没有实力，凡事完全凭运气，又哪有那么好的运气，多年的事实证明，天上掉馅饼的好事基本上都不会轮到我们，更不会掉到我们头上。

在某些著名的高校，收割博士后的利器不就是论文加课题吗？很多博士后论文够了，课题不够，课题够了，论文又不够，白白浪费数年光阴，最后还是当了人家的"韭菜"。科研的数量可以量化，但人生并不能被完全量化。某高校对引进人才的考核：每五年一个国家课题，普通人真的很难完成。

所以，在课题申报前，我们要考虑自己认为的创新点能不能发表核心论文，反过来说，好的论文如果不能拿来申报省部级的课题，论文创新的意义在学术上的增量又如何去体现呢？国家课题申报的工作量之大，仅仅是梳理历年课题规律就是一篇不错的论文，系统性的综述还更有学术价值，将课题申报与核心期刊论文发表有机统一起来，更能激发出我们对学术研究的动力与兴趣。

仔细在中国知网检索，我们会发现某些核心期刊还设有专栏，在图书·信息栏目中刊发了大量统计类的相关论文。国家课题申报后，如果能把创新点认真梳理，将二者的交叉点适时提炼，我们就会惊喜地发现，核心论文发表与高级别课题申报并不矛盾。

04　问卷设计有突破，旧瓶也能装新酒

在论文写作过程中，不同的人有不同的问题，常见的问题多是：论文研究方法种类不清晰，在调查方式的选择上纠结是采用问卷调查还是通过访谈进行，问卷内容如何设计，设计一份问卷其效度和信度要达到什么要求？

在调查中，有的人缺乏经验，还面临调查对象对答题产生厌倦，之前联系好的调查对象突然不配合的窘境！

有的人因题目设定的限制，论文研究方法主要采用调查问卷，需要通过问卷的形式获取相关资料，但对调查的人群以及数量却不能准确把握。

在调查时，是否需要进行大量的实地调查，如何设计调查形式与内容？因为时间紧任务量大，最方便也最容易得到的数据就是我们身边的数据，但在分析调查问卷、写调查报告时，数据过少又无法保证论断的准确性。

面临以上情况时，我们就需要在研究方法上进行突破性的创新，达到旧瓶也能装新酒的效果。在操作上，可以尝试在以下几个方面做调整以具体应对。

一、在调查问卷设计前，对论文的相关前期资料详尽了解

在设计调查问卷前，为保证问卷取得预期的效果，我们要对前期的相关资料尽可能地消化吸收。只有对前期研究成果充分了解，明确拟写论文的可能创新点，我们才能有针对性地详尽预设调查问卷内容。

拿学位的论文或发表到核心期刊上的论文，如有可能不要太过随意设计调查问卷。如果我们就是在微信群里发个填表链接，再发个红包，以佛系的心态坐等调查结果汇总，那数据的真实度、调查对象是否配合都无法得到保证，如何确保论文写作能达到预期效果？

在关键数据方面出问题的名校研究生，著名和不著名的学者不在少数。武汉某高校杰出青年、长江学者，最后调查的结果是"把关不严，数据误用"；上海某高校硕士生，学位论文以不存在的样本数据直接造假，已经过去好几年，最后学位仍然被撤；天津某高校，研究生举报导师论文数据造假，问题一查一个准，最后该导师被取消研究生招生资格。

二、在调查问卷设计前，尽可能完善并熟悉论文框架

调查问卷设计前，我们务必要熟悉论文框架，预设的调查问卷内容要围绕论文框架展开。论文框架还要根据调查问卷的结果不断调整，要充分反映出调查问卷的真实情况，调查问卷不能是为了论文凑字数的应景式存在。

当调查对象突然不配合时，我们要看到不配合背后的真正原因，能够根据现场情况及时调整调查方式，摆脱调查中的窘境。同时，调查过程中，我们还面临调查对象对答题产生厌倦甚至反感的情况，要透过表象看到问题的本质，该做调整就要及时调整。

三、坚持特殊与一般相结合原则，扩大案例获取范围

调查问卷的设计，要考虑到调查对象的特殊性，更要考虑到调查结果公布时，一般性大众群体的感受。因此，在调查时，我们如果需要扩大样本调查范围，就要尽可能获取到更为真实的调查数据。

在这方面，部分研究者有可能会铤而走险，为了让调查问卷数据能得到充分使用，便想方设法自圆其说，这就容易走到学术不端的边缘，也为论文埋下安全隐患。

所以，将调查结果与官方公布的白皮书报告对比分析，对国家统计局中现有的数据参照分析，保证论文数据翔实，防止论文数据样本失真和在研究结论上出现瑕疵是我们必须坚持的原则。

05 提出新的学术观点，或许能让编辑眼前一亮

提出新的学术观点是创新的高级状态，但能提出新的学术观点对许多人来说实在是太难。研究领域方向一致的学者，在论文投稿发表时，往往陷入另一个窘境，容易给人似曾相识的感觉，似乎是研究的地域换了，由A地换成了B地，研究的路径、依赖的资料还是这些。对期刊而言，类似的稿子用一篇就可以，对创新性不强的选题，完全没有必要选用同类的论文。

这也说明老生常谈的问题总是会不断上演，同质化竞争实际还是低水平的重复。论文要想发表，想要在同质化竞争中脱颖而出，我们就需要独辟蹊径，对自己研究领域的问题多看多想，将问题真正琢磨透彻。

一、结合自身优势找创新，错位发展

同一学科的核心期刊就那么多，大家都想在上面发表论文，版面有限，编辑自然要优中选优。差一些的期刊要进步，向名家约稿，用较高的稿费吸引稿源，坚持一两年名声起来了，稿源就不愁了。而核心期刊要想不掉出核心方阵，更需要不停地编发有影响力的论文，在整体论文质量提高的助推下，没有创新力的文章，发表难度注定会越来越大，学术之路难走可想而知。

期刊论文的写作与发表和企业生产商品一样，同样要讲究人有你

优，扬长避短，错位发展，通过梳理研究方向相同的学者的论文，系统查找不足，结合自身的优势查找创新点，以此逼着自己真正将学术创新点和创新源找到。错位发展不仅仅是论文，课题申报也同样如此，国家课题可以剑走偏锋，思政专项、后期资助、教科规划都是国家项目，避开申报一般的大军，说不定就能柳暗花明。

以法理学研究为例，不少学者研究习惯法源时，多以传统的司法方面为主要研究领域。但有的学者以马克思、恩格斯原著为源泉，错位发展，找到别人不易发觉的问题，精耕细作，提出了不少创新性的观点，顺利发表了不少高级别论文。比如以下论文就很有代表性：《恩格斯习惯法思想研究》《马克思民族习惯法自发运行论研究》《马克思民族土地习惯法强制变革论研究》《论马尔克的法律属性：基于恩格斯的叙述》。

同时，大多数学者盯着国内习惯领域研究，同质化导致论文发表越来越难，不打出一条新路就难以在赛道中胜出。比如随着"一带一路"的推进，为确保我国对外投资效果，在走出去战略下需要对国外法律加以研究，代表性成果为：《"出于确知"与中世纪法国习惯法编纂的历程》《布鲁日习惯法的两次更迭与国王、伯爵、城市的权力之争（1281—1297）》《习惯的韧性：黎族传统婚姻习惯法融入国家法的路径》。

此外，面对无处不在的民间谚语，尽管不少学者对此不以为然，但基层治理中不容易讲清楚的大道理，民间谚语往往能发挥出独特的作用。在不少民族地区，一些留守老人固守民族传统，遇到无法说透的道理时，本民族的谚语能起到更好的说服效果。因此，对该问题蕴含的治理话语系统梳理，既接地气，贴合乡土生活，又在本研究领域创了新，代表论文为：《各民族谚语里中华民族共同体意识下的知行观认同》《藏族谚语的习惯法文化价值》《教化与律法：西南苗侗民族谚语的文化特征与功能》。

二、能被人批判也是一种话语权

创新就意味着要打破常规，创新在富有机会的同时也存在风险，学术研究同样如此。在研究生阶段，导师经常鼓励我们大胆报选题，不要害怕被批评，能被人批判也是一种话语权。在中国知网查论文的引用时，大家能经常看到那些引用率高的论文，多半是以商榷性和被批判的方式存在的。提出了新的观点，能被人反驳，能引发别人的深思，这不正是推动学术前进的方式吗？

2005年，邓正来教授的论文《中国法学向何处去——建构"中国法律理想图景"时代的论纲》在《法学论坛》上以上、中、下分三期发表，系统讨论了1978年至2004年中国法学的问题，引发了大讨论，时至今日，仍然是热点话题之一。如何评价中国法学，如何将中国问题在中国框架内讨论，对问题的探讨已超越了法学，许多社会学、政治学的学者都参与讨论，共同推动了学术繁荣进步。

发表于《心理学报》2004年第5期的论文《中介效应检验程序及其应用》，被引10134次，下载次数为73487，不能不说是一个奇迹。一篇论文被关注、被引用，也面临被批判的可能，这完美诠释了被批判也是话语权的逻辑。

06 能把前浪拍在沙滩上全靠新领域这点硬货

提起论文怎么发表，能否顺利发表，估计谁都会讲出一通道理，论文的发表要创新，怎么创新？不同人有不同的看法，在当下的论文发表中，新材料、新领域方面的创新无疑能起到更大的作用。

什么样的论文好发，对人文法律社科领域而言，新技术催生的系列社会问题是当前的热点，更是期刊欠缺的稿件。论文写作前要对新技术有了解，作者要掌握相关理工科知识，对新技术在社会造成的影响方面进行深入的探讨。同时，新技术的推广应用也是不断国际化的过程，对研究者的外语水平要求较高，能及时掌握最新的外文文献对于新领域的研究至关重要。

一、论文发表要独辟蹊径，尽可能以新领域为突破口

研究领域新颖、研究话题新颖、研究方向独特，不仅是论文能快速发表，更是突破传统研究范围的法宝。以社会治理研究为例，国家治理体系与治理能力是传统研究范畴，我们如果在这方面下功夫，论文写作难度不大，但如果没有新的研究方法和研究视角，论文发表难度可想而知。

如果能抓住数字政府、数字经济及数据权益等热点，研究数字社会中出现的新问题，即使论文写作的深度不到位，但因研究视角独特，发

表的难度也会大大降低。

在治理领域，无论是法学、社会学、管理学、政治学甚至是历史学我们都能展开研究，侧重点围绕城乡社会治理、治理现代化评价体系构建等方面展开。每年治理前沿的会议不少，如果有好的论文，我们去混个脸熟，时间长了，治理领域精细化的操作路径也就熟悉了。

此外，近年电信诈骗事件层出不穷，如何从根本上解决，也是社会治理研究的范围，如果从新的视角探讨，论文发表的概率要大得多。同时，大数据、人工智能、算法、无人驾驶、电子抓拍等领域也有很多可以讨论的问题。

仔细想想就明白，固守传统研究方向，论文发表难度成倍增加，如果我们同时又工作在竞争力不强的高校，自然很难在学术上有所突破。但新兴领域就不同了，年轻学者对于电子产品运用大都熟练，在自主学习、团队合作和外语能力方面普遍优良，青出于蓝而胜于蓝的可能性就会比较大。

以某法学CSSCI期刊为例，其对新兴问题的研究尤为重视，每年刊发多篇论文，论文的下载量、引用都有不错的成绩。类似的论文有：《区块链技术的司法适用、体系难题与证据法革新》《医疗人工智能临床应用的法律挑战及应对》《人工智能算法黑箱的法律规制——以智能投顾为例展开》《网络平台监管的算法问责制构建》《论算法时代网络著作权侵权中的通知规则》等。

从中国知网检索，发表于CSSCI期刊的文章就达数百篇，在法学类论文版面僧多粥少的背景下，以新的研究领域为突破口，无疑是突出重围的最佳选择。

当然，新兴领域的研究面临着不少难题，资料查找比普通论文要大，需要外语方面有一定的优势，要阅读大量的外文文献，写作一篇文章要花的时间也可能更长，前期收集资料、翻译文献也要耗费不少精力，但相比论文写出来发不了，我们再多的付出都是值得的。

以思想政治研究为例，传统的思政领域学者云集，全国各高校的马克思主义学院教师力量配备充足，论文发表的难度与法学逐渐不相上下。而另一方面，在数百人的大课讲授中，什么样的名师都难抵网络对学生的吸引力。基于此，从网络社会对教学的冲击展开讨论，如果我们能从网络思政选题中寻找适合自己的研究课题，则能柳暗花明又一村。

当然，姜还是老的辣。大家不要忘了，在强者恒强的当下，传统强校有双非院校没有的资源，借助优秀的硕博士研究生力量，他们更能在新领域突飞猛进。受部分CSSCI期刊独立作者的要求，隐性作者并没有在论文中署名。经济与管理类学科对新选题有更为敏锐的洞察力，时时都能抓住新的研究主题，如果能经常性地参与管理学科的学术讲座等活动，相信会有更多的意外收获。

此外，不少期刊编辑部还会不定时举办专项会议征文，联络多家编辑部同时选稿用稿。作为学术研究发表的重要阵地，可以说是：春江水暖鸭先知。期刊能比学者更早感知到论文研究的总体趋势，引领学术研究的发展方向。如"新兴权利与法治中国"研讨会截至目前已举办八届，在数据法治、大数据时代的新兴权利方面挖出了不少好的论文，十几家CSSCI、SSCII编辑部联合参与，会议承诺对获奖论文在打磨修改完善后一年内发表。这对年轻学者而言，也是难得的机会，可以有意识地对新领域在学术前沿方面加以探索。

要想做出点成就，各行各业都要不断总结创新，要干就要干点别人干不了的。1949年之前，我国4亿人，读书识字的只有300万人；而据2020年第七次全国人口普查统计，与2010年相比，我国每10万人中，具有大学（指大专以上）文化程度的由8930人上升为15467人，拥有高中文化程度的由14032人上升为15088人。学术界更是汇集了数量众多的高知识、高学历人才，知识创新的难度比以前大很多，竞争也更为激烈。

但各行各业都不轻松，评价标准就是导向，重结果更重视过程。在检察系统，如果所办的案例入选最高检指导性案例，那就代表办案效果得到了上级的充分认可。而要想入选指导性案例，不同地区必须结合区域特点探索创新。贵州省黔东南州检察机关专注自然生态保护，先后有锦屏县人民检察院诉该县环保局行政公益诉讼案、榕江保护传统村落行政公益诉讼案入选了最高检指导性案例。这些例子说明，如果不抓社会热点，不依托地区资源优势，一个经济欠发达地区的检察系统要想在新型案件方面和发达地区比拼，必然没有优势。

国家"十四五"规划出台后，"加快数字化发展"和"建设数字中国"成为学术研究的热点，数字技术、数字化转型、算法、数据等领域也着重强调要加强法治。一些期刊及时布局推动，2021年，20余家期刊联合以"数字化转型的规则之治"为主题组织征文。学术界都在转型，这对于有准备的青年教师来说是一个很好的机遇。

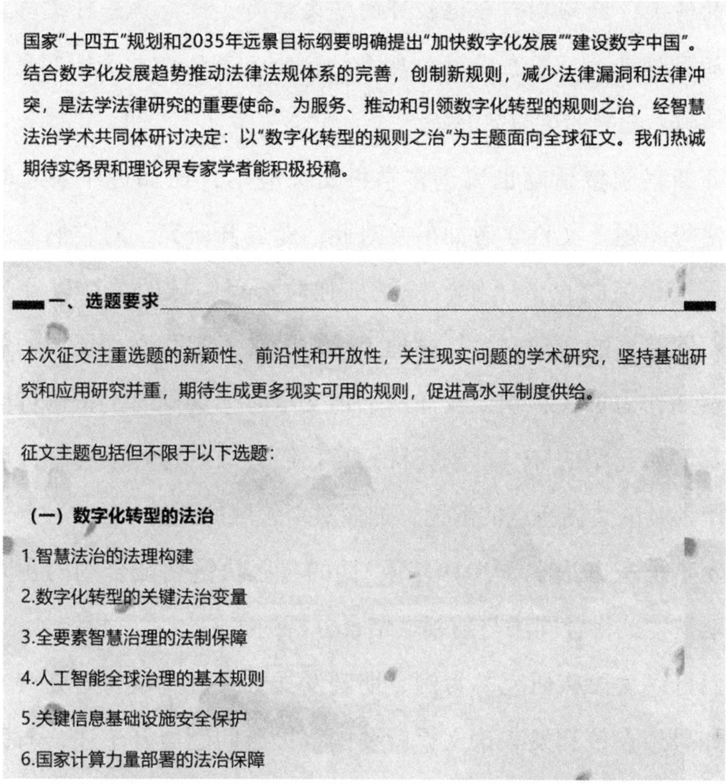

国家"十四五"规划和2035年远景目标纲要明确提出"加快数字化发展""建设数字中国"。结合数字化发展趋势推动法律法规体系的完善，创制新规则，减少法律漏洞和法律冲突，是法学法律研究的重要使命。为服务、推动和引领数字化转型的规则之治，经智慧法治学术共同体研讨决定：以"数字化转型的规则之治"为主题面向全球征文。我们热诚期待实务界和理论界专家学者能积极投稿。

■■ 一、选题要求

本次征文注重选题的新颖性、前沿性和开放性，关注现实问题的学术研究，坚持基础研究和应用研究并重，期待生成更多现实可用的规则，促进高水平制度供给。

征文主题包括但不限于以下选题：

（一）数字化转型的法治

1.智慧法治的法理构建

2.数字化转型的关键法治变量

3.全要素智慧治理的法制保障

4.人工智能全球治理的基本规则

5.关键信息基础设施安全保护

6.国家计算力量部署的法治保障

图4-2

二、多学科交叉创新也是生产力

在论文写作发表过程中，多学科交叉的优势十分明显，能突破单一学科的局限性，对问题把握精准到位。在具体研究方面，不同学科的研究方法在应用时各有其独特性，能触及本学科以外的精彩之处。

当然，多学科交叉说起来只是一句话，但写起来却不简单，如果我们对理论知识的掌握没有达到一定的水准，就容易遇到外行觉得写得挺好，内行却看笑话的情况。但这样的论文一旦写好，确实比一般单一学科论文论述有力度。投稿时，我们可以先观察一下期刊编辑部历年刊发论文的情况，找到期刊合适栏目的发文空间，提前熟悉行文特点，找准论文的写作定位。而在学科归属上，我们还是要以本学科为主展开论证，兼顾拟发期刊的学科定位。

研究新兴领域话题也属于多学科交叉应用，比如近年兴起的区块链、算法等问题。文科学者如果要对此话题展开研究，对它们基本的技术原理就应该有透彻的了解，除了加强对新兴领域的关注以外，适当多参与不同院系的活动，多接触理工科前沿技术都是必须要做的前期工作。一些期刊为扩大影响，在知网上传文章时，会同时上传修订稿和作者对文章简单介绍的MP4影像资料，当我们对文章理解不透时，可以同步观看作者对论文创新点的解说，加深对新领域的理解。

发表于《东方法学》2019年第3期的《区块链智能合约的合同法分析》，就是尝试将合同法与新领域结合分析的案例。

我们再以《民族研究》为例，期刊发文主要以民族为研究对象，法学学者如果想在该刊发表论文，就要围绕民族问题展开论述，与民族相关的法律投稿是可以的，但如果偏离了民族主线，单纯以法论法，写得再好，也不可能有发表的希望。近年来《民族研究》发表的与法律相关的论文主要有：《我国少数民族传统医药知识特别权利保护制度构建的几个问题》《中华民族的法治意义》《民族自治地方重点生态功能区负面清单制度检视》。

以上论文能在民族类权威期刊发表，根本的特点还是万变不离民族这一根本要义，以民族发展中的法律问题为研究的出发点，紧紧抓住民族学的同时又以人类学学者关注但不太好论证的法学为角度，以其熟悉的法学知识与民族知识，结合民族地区的突出问题展开论述。试想一下，这样的文章要想发表到法学类权威期刊如《法学研究》《中国法学》，那基本上也是不可能的事情。

一些学者还将本学科的问题高度提炼，从社会学、政治学方面进行交叉，在论文阐述方面同样很出彩。论文发表到《社会学研究》《政治学研究》，让本学科的学者都不由得称赞——他们做到了他人想做而做不到的事。

长期以来，治安学因学科归属，高水平论文发表难上加难，一直在法学与社会学中间游走。《社会治理的国家逻辑：基于警务改革史的分析》一文，以警务改革的视角论述社会治理，突出警察在国家治理中的作用，成功发表在《社会学研究》上。

总结期刊发文规律，利用多学科交叉的优势，不仅可以扬长避短，还可以将不同学科的研究很好地串联起来，共同推动学术理论向前发展。在学术竞争压力加大的背景下，学者们以学术为业承担的责任更重，但同时代的学术精品与总体学术产出比之前明显丰富得多，套用总设计师那句名言就是：多学科交叉创新也是生产力！

三、东方不亮西方亮，外语好的优势占尽先机

外语是通向世界的工具，在学术界，外语上如果有优势能让一个人走得更远，站得更高。在以科研量化的当下，中文论文发表难度大已是不争的事实，而外语好的优势可以让我们在考评体系内转向以发表英文为主的期刊投稿。

东方不亮西方亮，近年来不少博士在科研中以此成功突出围城。科研不能临时抱佛脚，外语学习尤其是专业外语的学习更不能中断，需要不停地看文献。如果我们外语基础不好，也可以与他人加强合作，在论文写作中适当分工，共同完成科研成果，通过合作达到互利共赢的

目的。

有的人可能会说，疫情以后，更多的情况是"前浪把后浪拍在沙滩上"。如同之前所说，有些业务"前浪"可能不懂，但他们仍掌握一定的资源，名下有不少能干的学生，资源调配的能力比一般的人厉害，如果有一定的领导地位或学术声望，几年内仍会有较有分量的论文产出。但对新技术催生的新问题，具有复合知识背景的年轻学者，依然具有较强的优势。

第五章

学术论文框架可"依葫芦画瓢"

文无定法，学术论文的框架没有固定的格式。受写作风格的影响，即使相同类型的论文，不同的作者搭出的框架也可能完全不同。对初学者而言，精读优秀的期刊论文是拟定学术论文框架的第一步。然后在大量阅读的基础上，通过消化吸收文献资料，模仿优秀范文分主题分段落，先大致混搭出自己想法的初步框架。之后，通过进一步地深入思考，再次精读核心文献，不断提炼出论文的关键创新点，经过反复多次打磨后，最终形成个性化的论文框架。

　　要达到"依葫芦画瓢"的效果，我们要思考如何模仿好框架，如何去除固定框架，形成属于自己的论文写作风格。

01 论文写不下去时，碰到的都是卡脖子问题

时下，大家都能感觉到往上走的路越来越难，课题和论文相比，论文更难。很多副教授想把文章投稿到CSSCI期刊，却屡投不中，而一些正教授想发权威刊物，也是屡战屡败。但副教授把打算发表在CSSCI刊的论文投稿到北核，只是低一个档次，论文多半就能顺利发表。同样，正教授把打算发表在权威刊物的论文投稿到普通的CSSCI刊也没问题，发表也容易。

说起来也很有意思，不同职称阶段对科研论文发表需求的层次不同，也就是说：多是现阶段的自己苦苦追求而得不到的。问题还是出在火候上，自身的积累不够，人文法律社科类的论文在积累方面的要求比之前更高。

论文写作中，我们通常会碰到各种问题，最难受的就在于突然写不下去，或者是写出来不知道放到哪里发表。更有的是写的过程中，突然发现还可以延伸出另一篇好文章，然后等我们停下手上的这篇文章去写自认为更好的文章时，却发现同样的问题再次发生。

其实，这个问题的根源在于论文写作中的文献不聚焦。那么，为什么会出现这种情况呢？多数情况下，主要在于以下四个原因：文章整体上没想好，思路不完善；框架部分问题太多，创新性不足；屡次投稿不中，挫折感渐生；资料积累方法不当，有灵感但写作过程受阻。下面我

们逐一分析。

一、文章整体上没想好，思路不完善

这个问题最好办，文章在思路上整体不过关，说明资料的积累和准备不充足。对此，我在不少论文讲座中都给出了答案，选题还没想好，该看的资料没有看，论文的框架整理不出来，论文思路不完善，论文当然写不快。

当文章初稿不能一气呵成写出来的时候，就说明我们还没有准备充分，就要再阅读各种资料，也就是进行选题的校验工作。最好的方法就是在中国知网里把能查的相关论文全查出来，核心以上的打印出30篇左右，仔细研究人家是怎么论证的，思路尽可能和作者们保持在一条线上。人文法律社科论文写作前，不下到基层去调查研究，不去了解一线实际情况，如果还舍不得花钱打印点论文参考，后面的路当然就会更难走。

再有，如果我们阅读这些核心期刊的论文，有大半都看不懂时，说明选题没有问题，问题出在阅读者身上——我们还没有能力驾驭这个选题。这时如果我们勉为其难完成论文，最后的结果可想而知。所以我们要认识到另外一点：当我们能看明白所有的资料和别人的论文时，事情就有转机了，这时一鼓作气，把准备引用的文章完全看懂，写出自己的心得体会，再把准备发到某期刊对应栏目近一年的论文全部认真看完，最难的一关就过去了。

文章重在积累，而积累资料的渠道每个人都不一样。"大牛"们看得多，听得多，参与高层的事务或论证机会多，站得高，因为他们的身份，各个期刊争着要稿子。而一般的教师，圈子不大、资金有限，很难写出多篇高水平的论文，只能靠"勤能补拙"这个古训来弥补自身的劣势。

二、框架部分问题太多，创新性不足

这个问题最麻烦，我们本来打算好好完成论文，却越写越觉得文章没有价值，能写的别人都写过了，没想到的别人也早想到了，于是越来越否定自己的选题，对某一框架总感觉问题太多，自认为创新性不足，时间一长就产生了放弃的想法。这个阶段对我们来说其实最为关键，就好比爬山，快到山顶时也正是比拼耐力的时候，谁最后能上去谁就成功。文章是修出来的，没有人会否定这句话，但此阶段多数人却不知道怎么去修改，功力都用完了。

修改不下去的文章，我建议暂时放一放，经常写论文的老师们电脑里都会存着七八篇这样的文章。写不下去，不是选题出了问题，而是我们要继续练功，比如组建一个小圈子，最好能囊括文科的各个专业，有那么五六个人，能说上话的就行，把写好的文章让非专业的人士阅览，看他们能否看出问题。如果别人一眼就能发现问题所在，听他们唠叨一下，或许这么几句外行的话就能激发我们的灵感，顺利救活这篇稿子。

三、想发表论文却屡投不中，挫折感渐生

这个问题想要解决，就要摆正心态，不是每个人上来就能把论文发表到核心期刊，水平更不是一天就能提高的。在学术研究的道路上，我们早就应该明白一个道理——论文就没有速成的。面临在核心期刊发表不了论文的情况时，就降低一个档次试试。一个学科的CSSCI刊、北核期刊就那么多，一般的老师也不可能一年就把本学科的核心期刊都投一

遍，我们只要不放弃，就能想到办法慢慢提高。

再有，普通期刊的论文也不一定就普通，我们只要能写好，发表出来，说不定哪天人大复印资料就转载了。普刊发表的文章多了，我们可以积累起来，再扩充一下出本书，也可做课题的前期成果。或者，我们把论文再深化一下，在此基础上去报课题，由校级到厅级再到省级、国家级，再经期刊编辑老师指点一二，时间长了，写得多了，我们的水平就提上去了。

所以，一个月能写一本书，一年发表十来篇论文的人，都是平时积累了不少好东西放着。等到真正要用时，他们立刻就可以结合最新的政策法规，并补充一些必要的文献资料，再用心修改一段时间，这样就能定点投稿给核心期刊了。

02　我想写的论文，和那篇核心有点像！

　　一些人在看论文时，总有"轻视"他人的那种"狂"——写成这样的都能在核心发表？他能我也能呀！*那么，如果你能在冲动之下立即投入论文写作之中，此时是写作中最好的状态，如有神助。如果你前期还有一定的积累，很有可能三四十分钟内就能打好框架，几个上午或下午就可完成初稿。*

　　多数情况下，论文写作中的理想状态，可遇而不可求。在科研工作者30年左右的学术生涯里，每个人可能都会有一段创作高峰期，但也面临不少现实难题——能写得出来却发表不了；能写得出初稿却不知如何修改得更好；明明知道论文的问题在哪里，却没有能力修改到位，因此白白错过论文发表的机会。当我们被卡在瓶颈里不上不下时，可以再回头翻翻欠下的历史旧账，重新梳理文献，看能否把握住机会。

一、从期刊中找出你认为最像的那篇论文

　　期刊那么多，可自己真正想在上面发表论文的就那么几家，在学校评价体系中的核心更是少之又少。人生总是充满了矛盾，所以与其在选择中痛苦，*我们不如完全摸透一本自认为有能力攻下的核心期刊，将研究领域内的核心论文逐篇打印学习。"我想写的论文，和核心期刊里的那篇文章有点像！"等找到这样的感觉时，效果差不多出来了。*

以图5-1所示文章为例，数字时代的国家治理，如果想写此类主题的论文，又想发表到权威期刊《政治学研究》，论文的框架基本上就是下图左边的目录，打印出来慢慢琢磨分析论证的方式，用心体会此类文章的精髓，提出自己的独特见解，等我们的论文能写得和人家差不多时，即使将来在《政治学研究》发表不了，投稿到CSSCI期刊应该也不会有太大的困难。

图5-1

只要不是天才，无论什么人学习写作都要从模仿开始，这是老百姓都知道的道理——熟读唐诗三百首，不会作诗也会吟。只要有初步的选题，再加上一些独到的文献资料，在此基础上我们就能找出最接近自己选题的几篇论文，然后我们要以读书笔记的方式，认真梳理出每篇论文的创新点。

如果刚开始对表达的问题不清晰，也找不到论文准确的主线时，我们不妨先找一个心里最能接受或认可的关键词，再按不同主题检索关键词并查找出我们想要的论文。如前所述，发表论文前要先选期刊，论文准备投稿到哪家期刊，就重点揣摩这家期刊的风格，这时我们选择与自己论文主题接近的栏目，凡是上面发表过的类似的论文，都下载下来仔细阅读——这些论文论证的模式是什么样，我们要写的论文大概就是什么样。

论文能不能写下去，能否找出最像的论文是关键。这一步的检索工作，是让我们手头的资料快速转变为学术成果的开始，更是论文创新点的突破。同样的主题，类似的材料，如果在前人研究的基础上实现创新，找出相像的论文，去掉相像的成分，打造不像的地方，才是我们论文的核心竞争力。

二、模仿是学习论文写作的开始

文章的写作都是从模仿开始的，文无定法。框架是后期一边写一边修改定稿的，"大咖"的框架走在前沿，那是因为他看得多，资料获取的来源多，他又站在实务一线和理论前沿，所以写的文章又快又好。但一般的老师没有那样的天时地利，写起论文来难度自然就大，一方面资料不全，拿不到相关的顶尖材料，另外，也没有人指点，只能一会儿追追热点，一会儿又弄一些二手文献"炒炒剩饭"，或者从案例延伸出来的问题做些研究，好不容易接触到前沿理论，估计人微言轻，期刊也看不上。

初步阅读消化文献资料后，我们就可先从期刊中找一篇与自己的构思最像的论文，以仿写的方式开始初稿的写作。当然最初的框架存在致命的大问题，通常会跟别人的论文框架几乎一样，必须不断地修改。这里有一个办法——初学时，我们可以找七八篇类似的论文，借鉴不同作者的框架结构优点，最后再把这些框架打乱"重新组装"，把自己的思想嵌进去，将创新点融入新的框架之中。

三、实现由"像"到"不像"，是属于自己独有的模仿竞争力

模仿是论文写作最好的学习方式，第一步要解决让自己有话说、有话可写的问题，但一味地模仿又不是学术论文的正确学习方式。因此，论文写作在框架初定时，我们就要考虑如何解决由"像"到"不像"的问题，在时机成熟时，要逐渐找到自己独有的专属"模仿"技巧。论文的定稿，除引用以外，要慢慢地把别人的东西全部移除，去除模仿的痕迹后，剩下的要都是自己原创性的表述。

结合我们积累的论文资料，围绕关键词选取一些相关的高水平论文，通过中国知网将别人的论文框架打印出来，慢慢思考自己论文要表达的最核心思想是什么，能撑起自己论文发到核心期刊的撒手锏又是什么？在不断对比反思中调整完善自己的论文框架。

在学位论文和专著的写作中，框架模仿最为常见，说得文雅一点，这叫参考，难听一点就是初步的变相抄袭。学位论文的写作，每所高校的具体要求不同，我们如果能把近三年毕业的师兄师姐们优秀的论文拿到，格式方面就能保证不出大的问题，本导师组的论文最后定稿是什么样子，一般他都会给个大概的指引，这样毕业论文基本上就完成了。当然，有的人追求差不多，好不容易拼凑了框架，就是舍不得去除痕迹，最后变成了抄框架，到头来就成了学术不端。

我们可以从拟发期刊中找一篇最为接近的论文，参考它的框架来架设我们的论文大纲。论文内容大致分为几个部分，每部分又要论述多少个小问题，具体怎么论述展开……只要思路到位，灵感就会被完全激发出，短时间内就可以初步敲定论文的三四级标题。

模仿是学习最好的开始，但仅仅只是开始，最终目的是要让我们学会梳理出自己论文独特的创新点，将这些专属于自己的亮点融入体系化

的思维，用文字完整地表达出来。别人的东西再好也永远是别人的，学会了要感谢别人，更要把借的东西还回去，有借有还，盗亦有道，学术之路道阻且长，容不得半点虚假。

03 论文无论是修还是写，都要紧紧抓住主线

在解决了论文能写出来的问题后，不少人面临的困惑是抓不住论文的主线，论述中时不时就会跑题。阅读别人的论文，精华还没学到，思路就被带跑，好不容易拉回来，顿时就感觉自己的论文没了价值。论文的主线是论文论述的关键点，抓不住论文主线，论文的创新就难以完美呈现出来，论文的价值就会大大降低。因此不让主线跑掉，不断强化主线，理顺主线，是我们在论文写作中自始至终都要做的工作。如何带着主线走，跟着主线走，论文无论是修还是写，要格外留意以下几个问题。

一、论文主线确定后，要带着问题看资料

有些人论文的格式做得很好，表面看论证似乎也过得去，但主线一过多，就导致了中心不突出的问题。仔细想想，一篇文章不可能解决所有的问题，我们把关注的问题用一篇文章都解决了，那得是多大的篇幅才容得下那样的思想？

每一篇能成功发表的论文，都有它的独特价值。我们阅读他人的论文，就是要看到它的价值在哪里，发现它的创新之处。每篇论文，更有它论述的主线，修改论文阶段就要紧紧地抓住这条主线，每一部分都不能偏离，强化主线就是提升论文的价值。

还有的论文无论你怎么看，总体上总缺一条主线，导致框架凌乱，如果再没有理论统领全文，题目也没有高度凝练，就难以达到发表的标准。

有的论文，在写作论证问题阶段，就已经时不时让人感觉偏离了论文的主线。当投稿出去的论文在返修环节被审稿意见指出中心不突出时，我们就要考虑是不是论文的主线出了问题。有时我们自认为论文已经表述得很清楚，但回头看中心和主线环节可能依然不清晰。那么，如果我们自己都认为论文结构不好，就应该果断停下来重新阅读核心论文，同时把精读论文的核心观点和主线梳理出来，慢慢培养论文阅读的功力。

我们对文献资料的阅读要贯穿论文写作的始终，修改阶段看最新的期刊论文，看人大复印报刊资料文章等，更多的是从别人那里为自己修改论文找新的思路。带着问题看资料，学习的是别人论文的主线如何在框架中体现，看的是如何将自己的资料与主线连接。

二、通过核心关键词，不断提炼论文主线

论文的主线始终是论述的重心，在找不准主线时，我们可以反复思考论文最核心的关键词是什么，最大的创新点是什么，以此提炼出论文的主线。主线找准了，框架就能顺利地梳理到位，论文的初稿很快就可以完成。否则，我们一味挤牙膏式地写论文，那种痛苦的感觉不用想都知道，论文的结果肯定好不到哪里去！

在论文写作前期，通过核心关键词把论文主线提炼出来，围绕主线步步强化框架，将论文在理论和实践方面的价值完全体现出来；在论文修改阶段，我们应该将引用论文的重点快速准确定位；在梳理过程中，

以和我们想写的论文最接近的那篇为中心，通过中国知网中核心文献推荐的方式，扩大文献阅读范围。这样，从研究起点方向开始，到研究起源，扩展到研究分支、研究去脉，我们就逐步让研究思路清晰化了。

无论是我们自己还是别人的论文，如果能一眼看出主线，这篇论文问题就不会太大。以《金融监管研究》2021年第2期发表的《洗钱罪认定与上游犯罪领域拓展研究》为例，论文的主线就是洗钱罪认定，在洗钱罪认定时又涉及《刑法》中明明有该罪名，司法实践中却难以以此罪下判的问题——法庭审理时很难判定某一行为属于洗钱罪。为什么难以认定？作者梳理司法判决后认为，是当前立法对上游犯罪的领域缩小了。

近年立法不断调整，但效果却不是很理想，认定的范围依然很小。行政监管层怎么操作呢？作者列举了金融机构上报可疑涉罪种类与洗钱上游犯罪规定的差异，金融机构上报的时候是14种，但是到了司法机关就只剩下7种，然后实际上判定的时候，法院对自洗钱行为仍然难以认定。之后，作者提出了自己的解决办法。

这篇论文就很典型地体现了论文主线清晰的特点。

三、对于主线及关键词的限定，要掌握好合适的度

网络社会，谁也不知道下一秒会发生什么。专业论文写作，原本是小圈子内的理论探讨，学术讨论大于实践指导。随着期刊竞争的加剧以及自媒体的兴起，部分文章会被各路群众围观，不同的人用不同的眼光看文章，解读出来的意思就有可能偏离论文的本意。另一方面，论义中的部分语句可能会被人断章取义，甚至会被无限放大，最终形成网络舆情。

学术讨论无禁区，文章发表有纪律，这两句话连在一起，个中滋味

只有体制内的学者才能深深明白。因此，我们在论文写作中要对主线及关键词适当限定，掌握好合适的度，话不能说得太满，防止授人以柄，即使期刊指定的选题或主题约稿，也要根据自己的理解，尽可能委婉地表述。在思想多元的当下，凡是存在的都是合理的似乎正成为真理，任何一个行为背后都有着庞大的群体，对与错在某些时候不见得十分分明，非左即右、非此即彼不适合学术，但学术有时却偏偏离不开对某类话题的讨论。

近年来，因课堂言论和论文表述不当受处分的老师不在少数。一篇论文发表后即进入中国知网等数据库，时时接受着各路人马轮番上阵检查。之前强调的"珍爱学术，远离抄袭"，现在又要在此基础上继续加码，保证学术论文在政治上、思想上正确无误，所以我们千万不能马虎。发生在别人身上的都是故事，发生在自己身上就是事故，关于这一点，我们能多重视就要多重视。

04 论文的框架，再也不能只是三段论了！

专业的论文框架，如同排兵布阵，不仅能衡量论文的优劣，还是个人写作能力的重要体现。有的人写论文的苦恼之处就在于，每篇论文都是三段论，提出问题——分析问题——解决问题。那么到底该以什么样的框架来统领材料呢？

不同的论文，每个作者有不同的构思，但毫无疑问，我们很难见到高水平论文使用三段论的框架，在某些学科的核心期刊上，调研报告类的论文更为少见。框架要跟得上思想，好论文更要配得上合适的框架，实践操作上，我们大致可以用以下方式逐渐摸索，找到最适合自己的框架论证模式。

一、先以三段论框架写作，让思想精华快速展现

如果没有合适的框架，为了让自己的观点以最快的速度输出，可先以"提出问题——分析问题——解决问题"三段论式的框架写作，在修改阶段再根据行文需要、拟发表期刊总体风格、外审意见、最新文献提炼阅读等要求调整完善论文框架。框架作为思想精华最为核心的部分，是最强创新力的体现，当灵感来时，我们一定要抓住机会先完成这个板块。

文章是越写越会写，不写永远暴露不出缺点。我们身在高校，不著

书立说，可能连存在感都找不到，随着高校博士化的推进，会更难以立足。而且不能写，我们就可能永远都得冲在一线，只能一边发牢骚一边干活，干完活再发牢骚。所以说，我们掌握了三段论，至少把不能写先转变成了能写，一开始不以质量论英雄，在低档次期刊发表一些论文，也算能显示出奋斗的层次。毕竟很少有人一开始就能把论文发表到高端刊物。

写得多了，我们就能有自己独到的见解，在文章论述过程中，有案例就可把案例抽象化，在压缩表述后，把案例中的问题系统提炼，最后再把案例逐渐去掉。这样我们在论述时，无形中就提升了文章的高度。

用纯理论去阐述的论文多数人觉得很难写，但我们在解决问题的过程当中用到理论时，过程就会很顺畅。用个案倒逼理论，用个案引申理论，再用理论去分析问题，论文的理论性就会逐步得到提高。

我们仍以《洗钱罪认定与上游犯罪领域拓展研究》这篇论文的框架为例，该文分五个部分，分别为：引言、洗钱罪认定中存在的争议、司法实践中洗钱犯罪的认定情况、洗钱犯罪相关法律规定存在的问题、对策与建议。从整体上看，它仍然是"提出问题——分析问题——解决问题"的三段论框架，但论文整体框架拉大，将分析部分扩充，升华了文章的主题。

二、看似三段论的框架，写好了同样也能出彩

三段论框架，理论界不喜欢，多数期刊也不喜欢。在实务与理论相隔的当下，理论界会注重实务界的论文或调研文章，实务界却未必喜欢看又长又拗口且不能快速解决实际问题的理论文章，二者永远相隔"最后一公里"。如何打通二者的界限，如何让学术贴近实际，学术的文章

如何让人读得下去，不仅仅是小团体内的学术游戏，似乎还成了普遍难解的问题。

学术论文普遍要求研究对象和研究目标要集中，不乐意接受对现状描述、分析问题和对策解决的三段论论述模式。因此，论文发表前，我们要尽可能提前了解期刊的特点，论文写起来费时费力，修改阶段总不可能全部推倒重来。

期刊定位不同，服务对象和读者群体不同，有些期刊喜欢直截了当的表述，让作者尽情对问题展开论述，尽可能满足一线实务需求。如国家法官学院主办的《法律适用》就偏向实务应用，对典型司法案例的分析是期刊的重点用稿方向。以2021年第7期刊发的《网络恶势力犯罪的司法厘定及裁判路径》框架为例，内容部分为：网络恶势力犯罪现状及表现形式、网络恶势力犯罪的司法困境及成因反思、网络恶势力犯罪案件认定的基本原则、认定网络恶势力犯罪的具体路径和结语。论文在细节认定、案例抽象打磨和文字表述等方面都体现了较高的水准，展现了法官们严谨细致的工作作风。

此外，类似的期刊还有《调研世界》，重视文章对数据的处理、统计和运用，并在此基础上以三段论的方式完成论文。这些期刊因刊物的实务偏向，淡化了对框架的要求，也并不妨碍刊物入选CSSCI。因此，三段论的写法如果分析论证好，可多投稿给此类偏实证型的刊物，成功的概率自然会明显提高。

三、尽可能拉大文章框架，尝试去三段论

调整和完善框架，是论文内容创新的重要手段。在修改阶段，我们就要精读相关论文，将拟投期刊类似的论文框架分析透彻，将文章的

每个部分放到整体框架中去审视，每个部分多少篇幅，都要有清晰的判断。比如同样是对策研究，如果分析到位，论文的整体框架就能拉大。多数情况下，论文框架都会有五个部分，每个部分又会细分出若干小点。以发表于权威期刊《法学研究》2021年第6期的论文《基本权利冲突及其解决思路》为例，同样遵循四大层次的论证逻辑，拉大分析框架，从四个方面提出解决问题的思路。当然，不同的学科对文章的写法要求不同，但基于同样的分析策略，论文的框架在没有太好的论证方式时，不妨按照下面的步骤，以四部分或五部分展开。

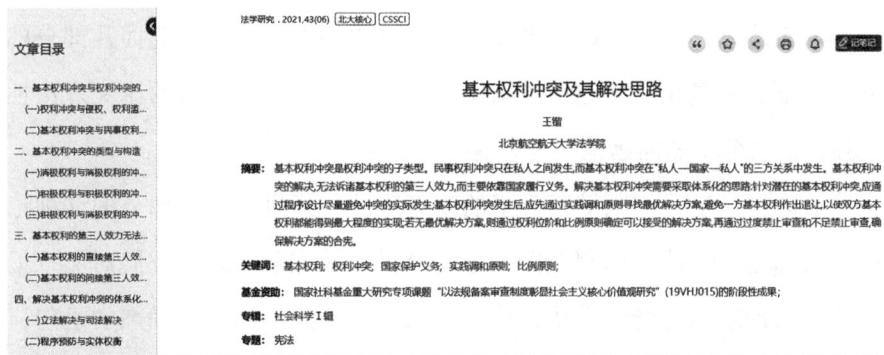

图5-2

不得不说的第一部分，问题的提出。为更好地让作者提出有创新性的问题，多数核心期刊都要求在论文的第一部分有个小综述，通过大概三段左右的综述，将不清晰的思路捋直理顺。在此环节，编辑也能看到学界对该问题的看法，为什么要研究该问题，论文研究的背景、意义和价值得以全部展现。

追问的第二部分，问题是什么？通过综述我们发现了问题，提出了自己假设的创新点，但实务中究竟是什么样子，到底需要理论怎么回应，在这部分要把问题找准，方便后面对策部分的论证。在该部分，我们通常要对该问题的现状进行归纳总结，尽可能详尽到问题的每一个部分。

深度分析的第三部分，为什么会造成此种原因？有因必有果，在提出问题后，我们要对问题进行深度分析，从学术上对原因予以探讨，发出学界的声音。在论文结构上，该部分与前两部分呈递进关系，是论文最为重要的核心段落。问题的发生与社会政策、法律法规、地方风俗等方面有没有关系，国外在此方面如何解决，中国港澳台地区有没有此种情况，如有可能就做一个比较研究。

第四部分，对策建议。事情都要有解决的办法，通过前面几部分的分析论证，把真正的问题给逼出来。从理论上看，该类型的论文理论性不强，对实务中的问题也不一定能有效解决。

结论与讨论，问题继续升华的第五部分。通过以上四部分的详细论述，我们基本上能对问题透彻地进行分析，在文章结尾，我们对文章最为核心的创新内容继续升华，可细分为几个小点，用高度锤炼的语句，再次强调文章的创新点。

架构框架具有很大的灵活性，即便是传统的三段论，如果分析问题时把框架拉大，论证完美无缺，审稿专家也不能说这篇文章就很糟糕。通过这种方式，慢慢琢磨，每天都写一点，长时间的练习后，我们就能形成自己独特的文章风格，学会灵活构建论文框架，使三段论这一传统框架避免被日益鄙视的悲催命运，实现华丽的转变。

05　常读常新，论文框架要为论文服务

论文结构的调整是一个持续进行的过程，初稿完成后，我们还要在修改阶段反复精心打磨，如果在初稿写作前，能系统阅读完大部分相关核心论文，能突出问题意识，就能保证框架结构在修改时不至于出现大的调整问题。小修小改，那是锦上添花的小花絮、小精彩。否则，在初稿完成后再对结构动大手术，伤筋动骨不说，还有可能会是小病大治，严重点就是小命难保的大问题。如何在确定论文框架时避免这个问题，如何在论文修改时借鉴最新的研究成果？这就要坚持论文结构必须为论文论证服务的大原则。

一、看完全部相关论文才能初定框架

如前所述，论文的框架拟定建立在消化资料的基础上，不能凭空乱想，要受论文学术性要求的制约。在论文供需矛盾之下，普通的期刊难度也在加大，对论文的框架就不能太过随意，三段论必然不会成为架构论文的常规办法。

有的作者常常苦恼，写出来的东西经常特别像教材，常规的套路就是概念、特征、怎么做……哪个编辑看了也头大。论文是有论证规则的，不像大学教材，教材是通识性读物，是有一定体系性的"著作"；论文是给专业人士看的，就不能讲大家都知道的东西，教材是给将来要

成为专业人员的初学者使用的，对象明显不同。所以，论文的写作不能绕圈子，必须单刀直入，刀刀见血。

在小试牛刀不花钱发论文后，我们就要不断提升文章质量，朝着给稿费才给论文的目标前进，而且要发表在核心期刊。此时，我们要对论文整体结构进行把控，既不能太大，否则论文空洞无物，又不能太小，要把该讲的问题讲清楚。论文要解决什么问题，回答什么问题，这些关键性的点都要在框架中体现出来，都要有详细论证的对应部分。

框架初步拟定后，如果仍不确定论文提纲是否可行，不知道主线是否清晰，对论文内容的增减不知从哪方面切入，就说明我们没有深入地阅读参考论文，浪费了宝贵的时间，还需不断提高论文理解分析能力。以图5-4为例，我们可以从相似文献、相关基金文献、关联作者、读者推荐等方面扩大阅读范围，当实在读不下去时，还可以看看相关视频，从中再找找灵感。一篇好的论文产出，要将自己的独特资料放在巨人的肩膀上，才能让自己进步得更快一些。

相关文献推荐

相似文献　读者推荐　相关基金文献　关联作者　相关视频　　　　　　　批量下载

[1]　城市大脑助力城市精细治理 [J]. 李树翀. 软件和集成电路. 2021(01)
[2]　以"六化"推动国家治理现代化 [J]. 李仪. 人民论坛. 2017(33)
[3]　更好发挥数字技术对社会治理的支撑作用 [J]. 龙海波,王伟进. 智慧中国. 2020(08)
[4]　数字技术如何提升群众参与积极性 [J]. 方伟龙. 杭州. 2021(11)
[5]　让群众感受"数字"温度 [J]. 杨建乐,刘宇,王学勇,欧阳小抒,杨旭东. 云岭先锋. 2021(10)
[6]　大数据时代疫情防控中的数字治理途径探析 [J]. 吴丽峰,王菲. 决策探索(下). 2020(06)
[7]　疫情促成数字管理元年 [J]. 吴缙亮. 检察风云. 2020(07)
[8]　浅析国家治理现代化的发展走向 [J]. 刘磊磊. 商业故事. 2018(11)
[9]　以"数字智治"推进"县域善治" [J]. 张述开. 社会治理. 2021(05)
[10]　重构数据生产关系的新思考 [J]. 吴志刚. 网络安全和信息化. 2021(01)

图5-3

论文是从宏观方面来写，还是从微观角度来写，论文整体构架是否有矛盾，在阅读类似论文后，自己的框架确定时对这些问题就能有清晰的把握，等正式写论文的时候发现还有上述严重的问题，那论文的框架要么是乱写，要么就不是给自己搭的。

二、论文初稿完成后，要反复不停地找人挑刺

论文初稿完成后，不断修改的过程，是对我们能力提升的一次考验，更是一次凤凰涅槃的淬炼，除打印出来反复校对外，每一个论证点我们都要反向思考，反复追问为什么这样写，将差错降到最少。然后，我们再根据最新的相关核心论文，对论文框架优化微调，对各级标题进一步分类排序，在逻辑顺序、思维习惯等方面确保不出大的问题。

研究生毕业后，没有了导师的指导，不少人都会面临不如如何修改论文的困境，水平多年没有长进。其实，修改论文就是我们不断否定论文的过程，更多地是要思考问题为什么会这样。所以最好能有几个不同专业的博士朋友和同事，在散步或吃饭时，可以请他们提提意见，不说客套话，开门见山，直接就是核心问题。投稿出去的论文能不能顺利发表，就要看我们修改时能否顺利解决制约论文的关键问题。

理论性不足就补理论，案例不足就补案例，语句不通就调语句，反复核对引用参考文献是否准确，对照拟投期刊的要求能贴多近就多近，总之就是将我们最高的水平发挥出来。待到时机成熟，有高规格的会议，我们就可以拿出去试试，虚心接受别人的批评建议。

无论是核心期刊还是普通期刊用稿，都坚持"问题导向、创新导向和需求导向"的原则。论文发表前，我们一定要对照自己的论文看看是否有问题意识，有没有核心的创新点，有没有解决现实中的某些需求，三个问题的答案都是肯定的，那论文发表就不再是比登天还难办的

事情。

三、论文框架都要为论文论证服务

论文的框架怎么架构，写作思路起到了关键作用，你想怎么论证就选择什么样的框架，不能单纯为了框架而框架。论证到位了，段落自然就知道怎么分，论文写好之日，就是论文框架完善到位之时。文章修改是最累的工作，但也是让能力提高的好机会，真正沉下心去修改，有三篇两万字左右的论文，自己都能感觉到个人的能力是实实在在地得到了提高。

在修改时，我们也要兼顾期刊的偏好，对论文框架加以微调。比如我们发文章的期刊如果是追热点型的，在坚持学术的前提下，就用专业适当呼应一下该热点；如果期刊比较喜欢列表、图片，在论文篇幅允许的条件下可以增加几张图片或用列表来说明同样的问题，换个论证的方式方法，说不定能带来更好的表达效果。

如果编辑返回的修改意见对框架提出的问题比较多，就说明论文的论证逻辑不清晰，要大胆做调整。编辑部重视外审专家意见，但并不一定完全以专家意见为准，如果你认为论文没有问题，也可以向编辑说明个人的观点。通常编辑也是某些方面的行家，有自己的判断，所以对论文的修改我们要学会将学术前沿理论与编辑部的用稿需求结合起来。

如果论文有较高创新点，能做出不一样的框架，我们论文发表的速度就会明显加快。经济管理类的文章比较喜欢用表格、统计数据、思维导图等方式来展示文章内容，在论文写作队伍不断壮大的局面下，编辑部不缺论文，缺少的是能让人眼前一亮的好论文，适当的框架创新，或许能收到意想不到的效果。

06　别让灵感跑了！用好碎片化时间修改论文调整框架

　　成人的世界时间是碎片化的，更有可能有限的时间也随时会被再次切割，我们永远不知道下一个计划会被谁打断。

一、向"大咖"学习，高效用好碎片化时间

　　大家通过知网简单检索就会发现，同样是高校教师，为什么有的人那么高产，而有的人一年都难得发表一篇论文？每个人都有自己的推脱理由，但各种各样的忙都不能作为借口，只要身在高校，无论担不担任行政职务，永远不能停下科研的脚步。目前在国内论文发表量第一名的是一位"985"大学的教授，已经发表了1150篇论文，而根据数据的统计，知名度稍微高一些的教授，发表论文的篇数基本上都在800篇左右。厉害的是，他们不但论文发表的数量多，而且基本上都发表在权威期刊、CSSCI刊或北核，下载率和引用率都非常高。

　　通过上述的事例，我们会发现一个共性问题：著名学者的文章写得多，并不是说他们比别人的时间多，而是因为他们有精细的作息计划，可实施性强！我们可以初步得出的结论是，他们把琐碎化的时间都高效地利用了起来。

　　研究生毕业后，我们论文的写作修改再难有大块的时间支配，什么时间用来修改论文，当灵感来的时候如何抓住，恐怕只能向碎片化时间

要效率。

倒计时写论文，好框架是修改论文的附属品。倒计时真的到来的时候，才是每个人效率最高的时候，一个人的潜力无穷，只有被逼着做事才能爆发出惊人的战斗力。

所以一个人能写或者说高产不在于他的思维或是其他因素，而在于他如何高效地利用一切时间！

总结一下，很多厉害的高手其实就在我们身边，任何一个单位都可以发现这样一群人。不管从事什么行业，他们都有一些共同的品质，比如说自律、坚持和耐心。在做所有事情的过程中，他们往往能够不受外界干扰，有这么多的优点，不出成绩都难。

有的老师可能会说，让我保持写作的动力，先天性困难很多：学校平台不行或是根本就没有平台、普通二本院校、没有学术团队、研究方向跟学校的重点学科不相匹配、科研积累处在一个较低的起跑线上、一所应用型本科院校、专业特殊性的院校、特殊系统，等等。

凡问题就肯定有解决的办法，我们不能用回避的方式去逃避问题，奋斗的路从来都不是平坦的，投入的时间多了，再难的事情也会有变化，时间利用的效率才是一个人的核心竞争力。为什么通过课题和论文的双向互动可以做到高产？实际上就是三个字，逼自己！不少人都能体会到，通过申报课题逼自己去写作，去完成课题，这就是最好的动力来源。

申报过课题的老师应该知道，现在很多课题都是限期花钱，限期交成果。你要报课题，就必须完成课题，要完成课题，就必须发表论文，这就是一个由外到内逼自己成长的循环。有课题经费的好处是显而易见的，再不济也不用求着找别人要开会的路费，还可以买些办公用品。我们身为高校教师，教学和科研是基本功，没有科研就不会成长，没有课题该写该投稿的文章仍然要写，有了课题当然就能做到"名利双收"。

二、抓住灵感来的时间，写！写！写！

如果大家关注刚刚成为博导的青年学者，应该会发现，比较活跃的老师，基本上都有自己严格的时间计划。如果看过他们的朋友圈，在多数人把写作安排在寒暑假的时候，他们是将时间平均用在一天中任何时候，寒暑假的时间用来完成最难写的文章。如果我们能养成习惯，每天都强迫自己去写去看，每天都不能少于500字，坚持3年左右的时间，其回报可能是想象不到的丰厚。

有的老师可能会说我就是写不出来，怎么办？一天写不了500字，那能写多少呢？这是一个计划的问题。有的人坐在那里半天写不出来一个字，然后就放弃了；但有的人在写作之前，通常会把干扰性的因素都去掉，比如说手机关机，电脑QQ和微信也关掉；有的老师可能做得更好，更坚决一点，直接把网线拔掉或关掉Wi-Fi，干扰全没有了。

在单位里，如果你不是领导，那你有那么重要吗，领导会天天找你吗？把课上好，科研做好，领导自然知道你在用心工作，接不接电话，有没有个性，谁还会在乎这些呢？最怕的就是，没有学会拒绝，被迫在单位干了太多与科研无关的事情，最后还是因为成果不达标而阻碍了自己的事业。

大家在写论文初稿的时候，只要框架能定下来，就有了相当多的零碎时间可以充分利用。我们可以想一下：如果你每天都在写，每天写200字，一个月30天，3万字的一篇文章，不到半年就能完成。半年的时间我们才写一篇文章，天天都在思考，这文章能写不好吗？如果发表到北核或者CSSCI刊，实际上用不了这么多字，大量修改下来的边角料不又是一篇文章吗？实际上你自己写的最为精华的部分，修改到1.5万字，按学术惯例即使加上引用，或是说对别人的批判性吸收，增加对话性的内容，字数已经远远超过了核心期刊的要求。

我认识的一个博导，每天晚上都睡得比较早，他是每天早上前两节的课，凌晨三点就醒了，然后从三点左右到早上七点都在写文章，因为他每天可以利用的时间就是这几个小时，之后还要指导硕博研究生。但这几个小时他能保证做到心无旁骛地写文章，基本上每过几年就有论文在《中国社会科学》等权威期刊发表。很多老师白天有工作，如果成家立业，晚上还要辅导孩子写作业，但每个人的时间都集中在有限的时段，所以从事科研一定要寻找适合自己的写作时间培养写作习惯。

当然，每个人的作息习惯不一样，除了找到我们认为最具产出性的那个时段来写作，在做好本职工作的同时，还要有思考性的产出，把零碎的时间用上，让自己保持一段高效的创作期。在碎片化的时间，我们可能有时会对问题有更为深入的思考，比如对论文框架部分的认识或逻辑结构的梳理可能更到位。

巧办法没有笨办法有，上述问题其实都有解决的途径。关键是，我们首先要对自己有一个清醒的认识，比如要认识到自己的专业、研究领域、基础、研究方法这四个方面都是什么。更关键的我觉得是要搞清楚研究基础，写作论文要得到数据，无论是官方的还是公开的，我们的途径有哪些？每个人要有擅长的领域，是习惯于理论研究还是对策分析……

对真正愿意在高校里面工作的老师来说，热爱加自由才最能完美诠释一切，这五个字最关键。如前所述，对有些学科来说，申报课题还可以从侧面检验学术研究是否精准，是否符合实务需要。最后，从事科研不能让我们自己太穷，这样既没有收获也没有动力。如果没有课题支撑，自掏腰包去做科研其实是对知识生产的一种亵渎，也是对知识的一种莫大讽刺。

第六章

文献引用，还是要讲点学术规范

学术规范是铁的规矩，关系到写作者的切身权益，必须认真对待。走学术之路，要多给他人搭桥，更要少给自己挖坑，时时刻刻都要认真对待规则。如何在目前的学术规范下，将文献引用与学术规范相统一，界定好学术不端与文献引用，是论文写作中要着力解决的问题。如何在论文写作中展开学术对话，顺利完成论文写作与发表任务？本讲以实例的方式予以探讨。

01 文献引用的那些坑，你真的不能再掉了！

论文写作离不开参考别人的论文，更少不了对资料的引用，还少不了与他人对话。论文写作还有自己固定的引用套路，如果听了前半句，没有注意后半句，或是自己没有留意不同期刊的引用规则，有可能写的时候有多开心，写完的时候就会有多难受。我们经常听到的一句话是：论文写好的时候，差不多也到了该丢的时候，文献复制比高的都没法要了……听到这些，我基本上就知道，你前期挖的坑有多大，你后面掉得就有多深。

一、直接引用加上引号就OK了？

直接引用他人的论文，加上引号没问题，有问题的是你引得太多了。论文发表的复制比，期刊都有自己的要求，核心期刊通常都要低于30%，如果你的复制比在25%，也是一样毙掉。能让自己的论文复制比超过30%，要么说明你没掌握基本的引用技巧，要么说明人太懒了，懒到编辑都不想理你。

我们以《"双一流"建设背景下省属高校青年教师发展困境及解决路径》这篇论文为例，如果你认为摘要中这几句"在'双一流'建设的大背景下，不少省属高校都面临着转型升级的压力。在人才引进逐渐市场化的冲击下，部分位于省会之外的省属高校发展存在不少瓶颈，在青年教师引进和培养方面难度较大。具体原因包括：地方政府财政投入不足，高校区位优势不佳和对外筹措资金欠缺等"说出了自己的心里话，自己写的未必有人家写得好，打算在自己的论文中引用。那么，如果把这些句子放在引号里面，查重的结果必定全线飘红，百分之百会被定义为抄袭行为。

当然，论文写作中的查重是整篇论文查，如果其他地方都是自己写的，没有类似的直接引用，复制比只要不超过规定的比例，问题倒也不大，但如果通篇论文看到好的就加引号全部引用，那问题就大了。所以我们要控制好复制比，引用别人论文的内容，尽量不要引用太多，直接引用如能在十个字以内最好。我们还以上面引用为例："在'双一流'建设的大背景下……"这句话是非引不可吗？不就是常识问题吗！"不少省属高校都面临着转型升级的压力……"这句又是不是常识？如果是的话，你用自己的话说出来也可以表达同样的意思。

"在人才引进逐渐市场化的冲击下，部分位于省会之外的省属高校发展存在不少瓶颈，在青年教师引进和培养方面难度较大"这一句太长了，只要在高校里工作，谁都知道说的是什么意思，言外之意很明显，换句大实话就是：二线城市高校的工资福利制度不是特别吸引人，博士们都被经济发达的省份和城市抢走了。这句说到这里，还能引用吗？

剩下的几句你认为很对："具体原因包括：地方政府财政投入不足，高校区位优势不佳和对外筹措资金欠缺等。"那么这里面的话是否要全部引用上？具体原因包括，这个你自己也是能组织语言的吧？"地方政府财政投入不足……"这是共性问题还是你认为只有你才能发现的问题？如果是共性，这句就没有必要引用。"高校区位优势不佳……"除省会、副省级城市以外，哪个地方高校敢说自己有区位优势？这样的大实话也没有必要非得引用。"对外筹措资金欠缺……"这句引不引要看你自己，如果认为确实有启发，写得真好，自己就是写不出精练的句子，那就加引号直接引用也无妨。

如此操作下来，每次引用只引用六七个字，全文都按这样的方法引用文献，论文的复制比很难超过10%，论文写作的乐趣不就有了？一篇论文引用的参考文献也就十几个，全部直接引用加起来不到一百字，完全不用担心复制比的问题。

打铁还需自身硬，要学会科学地对待查重软件的问题。让我们试想一下，如果没有查重软件的制约，学术界会成什么样子？当然，对某些学科查重的影响还是比较大，如历史学科对档案的使用，同样的档案史料谁都可以去查，都可以在写论文的时候引用，谁先使用谁的论文先发表出来，其他人查重时使用的史料就会显示抄袭。

查重软件对史料的使用提出了较高的要求，特别是毕业多年后，部分史料仍会不断地被运用，对之前的毕业论文查重时，复制比自然会升高。民族学、社会学、政治学对田野调查获取的资料使用同样存在这样的问题，所以我们对资料使用要掌握好正确的引用规矩，防止拼凑型写作。

二、"暴力性"无操守式降低重复率

为防止论文抄袭，期刊编辑部和高校毕业论文查重都在中国知网学术不端文献检测系统检测（https://check.cnki.net/vip/），系统分为多个版本，编辑部专用系统、毕业设计论文查重、人事系统查重等，用户只针对机构，不为个人提供查重服务。当然，有需求就有市场，在互联网的其他一些网站甚至校园周边的打印店都能买到查重服务，越临近毕业，费用越高。其他系统的查重也可作为参考，但相比中国知网系统，受选用数据库的影响，复制比约比中国知网低一半左右。

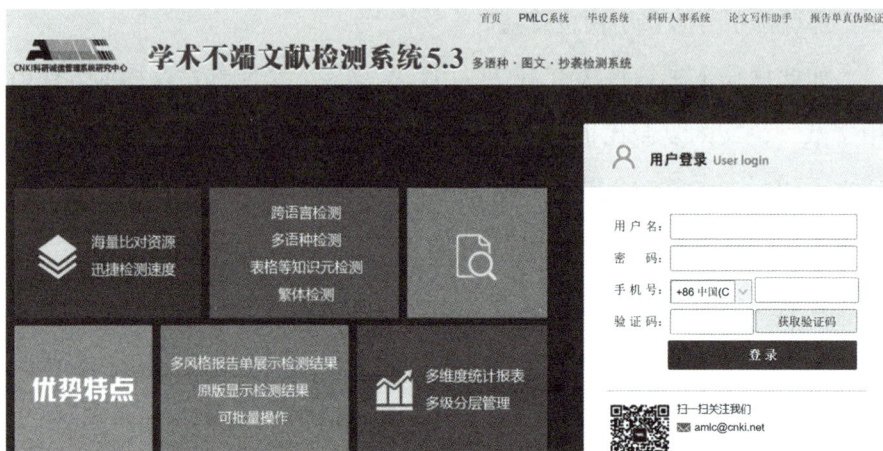

图6-1

在把握不好直接引用标准时，一些学生最喜欢干的粗活就是先查重再降重地将全文飘红的部分全部删除或有选择地删除，剩下的凑合凑合就定稿上交。最后的结果就是，全文读起来不再像论文，像一个学说话的三岁小孩，谁都知道他想表达什么，就是说出来的话没人听得明白。参考文献一个都没少，但引用的内容不全，剩下的文字晦涩难懂，读起来非常难受。有些学生还有更狠的招数——将要引用的内容放进自动翻译系统，先将汉语翻译为英语，再将英语倒过来翻译成汉语，复制后直接放到论文里，这看起来是间接引用，实际上语焉不详，天书一样的表达更让论文失去了应有的语感。

降重的目的达到了，论文的效果失去了，这又是何苦呢？这样的论文投稿出去，除非你走了大运，否则谁也不知道你这样操作是想干什么。

当然，如今连本科论文的要求都不仅仅是查重那么简单。在论文内容也纳入实质性审核后，查重只是九九八十一关中的一小关，学位证要想拿到手也就没那么容易了。

三、间接引用（观点）不标注

论文为什么要引用？有些人可能很困惑，我引用了你说抄袭，那我干脆一个文献都不引，厉害不厉害？

为什么要引用别人的论文？道理很简单，你写论文之前看了人家的成果，受到了一定的启发，有了感想之后才有了你现在的成果。对此，应不应该注明？站在别人的肩膀上往前走，当然要备注，对论文的观点来源也得有个完整的交代。长期以来，论文查重与反查重一直并行向前，间接引用不标注，满篇论文都是他人的东西，缺乏个人的想法，久而久之，社会就失去了发展的动力，没有自己的原创性贡献，对知识的再生产极为不利。因此，知网平台检测系统将"观点抄袭"也纳入了学术不端检测。

凡引必注，已成为学术论文写作中铁的定律，从论文写作开始我们就务必要牢记。用了他人的资料、著述，如果没有标明出处，不管过去多少年，都可能会成为我们前进路上最危险的事情。请不要相信类似"图片误用、符合当年规定"等提法，那与普通的我们没有任何关系，遵守规范永远是最强的护身符。

我们不出名时，可能没多少人关注、记住，但只要我们成为别人的竞争对手，倒查20年就不是什么新鲜事。近年来，一些长江学者、院士、"双一流"大学校长、知名教授等都有过类似的惨痛教训。因此，一定要记住凡引必注，如果成果中已有标注，顶多算过度引用，如果没有标注，抄袭的帽子就会死死地把我们扣住，至少三五年内难以翻过身来。

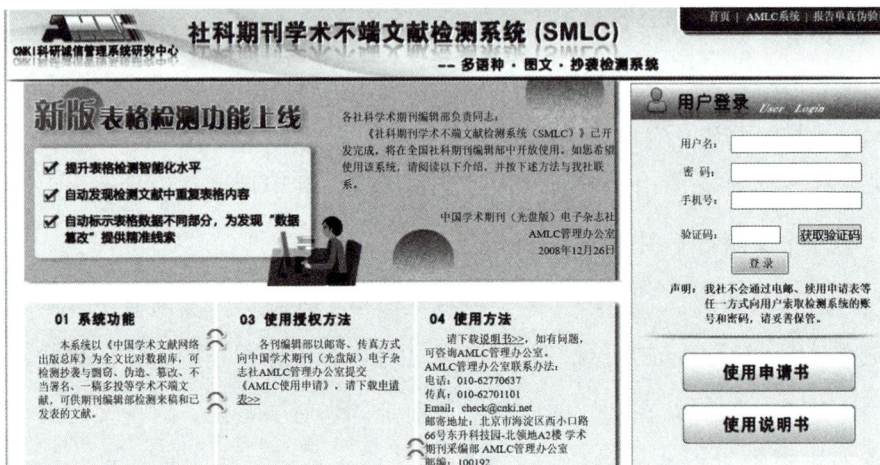

图6-2

引用他人观点不标注，同样是抄袭。在论文不会引用的情况下，来掌握引用的技巧时，可以犯点小错，但硕士研究生毕业后，再犯类似的错误，代价将会非常沉重。

在论文写作中，如果需要引用学者观点，最好的办法是查原文，在中国知网中直接找到出处，核对后再引用。一定要慎重对待二手文献，尽量不要从他人的论文中寻找需引用的文献，直接复制粘贴，期刊编辑部使用的查重系统功能越来越强大，足以让我们的论文过不了初审关。此外，编辑在编辑校对过程中，会比我们更认真地通读全文，逐字逐句核对论文中的每一句话。如果我们想做到既不涉及抄袭，又能够降低查重率，无论是直接引用还是间接引用，万能的方法只有一个，即找原文，核对后再引用。

四、"假引"不是引，而是一个坑！

不能随便引注论文中没有引用的论文，没有引用的"假引"是学术不端的表现，在论文中随意用这种方式引注，也是学术不端的形式之一，应当避免。

有的论文可能一个注都没有，因为作者认为不需要引用别人的东西，但这样的作者太少见，能把论文发表出来的更是少之又少。有的期刊为了提高知名度，将某些专家的会议发言整理发表，通篇也没有注。但专家都是掌握话语权的，实力到了，有人追着要稿子，和99%的人不在一条跑道上。

有些作者写作论文时担心查重率过高，从不引用他人文献，等提交发表时，随意引用几个凑数，由此就产生了"假引"，遇到较真的读者或稍微认真一些的编辑，很快就遮掩不住学术瑕疵的事实。当然，这样的文章基本上在核心期刊也发表不了，即使偶尔能上刊一次，后续的合作机会也没有了。

有的人喜欢做读书笔记，或者一边记一边把自己的感想融进去，有对话有深度，但他们习惯却不好，只记有用的句子，从不记录文献从哪来的，等需要引用该论文时，却怎么都找不到出处，不得不出现漏引或无奈之下的假引；有的注释在修改阶段丢失，比如间接引用的文字，看似不重要的一句话，修改增删时恰好就把自动生成标注号的参考文献删去了；很多间接引用的语句，作者自己可能都不知道哪些是自己说的，哪里是别人说的，一处引用散落在几万字的文章里，寻找引用的资料或数据出处难度可想而知。

近年来，中国知网等数据库不断升级，能提供引文查询功能，支持模糊查询，但对改写后的观点核对仍如大海捞针，很难查找。中国知网还提供了一种电子笔记——"知网研学"，在软件安装登录后，可以直接在里面做标记，还可以导入文档写作，也是记笔记找资料的好方法。

还有一个有效的解决办法——雁过留声！从论文写作前期开始，我们对所有资料同步分门别类建立电子与纸质文件夹。对以上电子性材料建至少两个备份，防止U盘或电脑突然损坏，也可以建一个只有自己的QQ专属重要资料群，所有文字性资料及时上传，总之不要把鸡蛋放在一个篮子里。有条件的话，我们可以备两台电脑，特别是重要的论文或硕博士论文，资料多达上百G，一旦出现突发意外情况，多年心血就会付诸东流。总之，查找核对资料的很多办法虽然前期可能麻烦一些，但后期省时省力，出现再大的意外也不怕。

五、过度借鉴的边界就是抄袭

论文写作中常见的一个问题就是对他人的论文框架过度借鉴，甚至是仅仅对框架的关键性文字进行替换，明眼人一看就知道是抄袭。可能有人觉得很冤，一般性论文不都需要写出发现的问题、分析原因和提出对策，如果和别的学者有类似的观点或者提出相似的举措，这不很正常吗？

如果类似的举措是你提的，这没问题，英雄所见略同；如果是看了别人的论文直接换种方法表述又不引用，这就构成了抄袭。

在借鉴别人的框架时，全文框架只替换几个关键字的行为，无论怎么洗白都摆脱不了抄袭的原罪。如果只是几个字的框架，开动强大的脑神经，用不同的语句表述出来是完全可以做到的；如果全文引用文献不多，充分体现一下对原作者的尊重，在论述时该引用就引用，才勉强说得过去。

六、一稿多投VS一稿多发

期刊反对一稿多投，更反感一稿多发，在掌握稿件生死大权之时，编辑部的工作态度对论文作者的影响是比较大的。随着知网查重系统的改进，期刊编辑部的查重系统可以显示出论文的详细情况，一稿多投甚至查重的次数后台都可查到。

论文的投稿期一般为三个月，按编辑部的规定，只能在被拒搞后才能再投，对着急博士毕业、职称评定、博士后出站、课题结项的人来说，时间往往等不及。因此，在论文投稿前，保证必要的质量是第一位的，一般论文投到《中国社会科学》，录用的可能性基本为零，此时不要等三个月之后的拒稿信，随时可以大胆另投他刊。

如果是投稿到了影响因子0.1左右的期刊，就不要随便再投了，有些期刊从不发录稿通知，直接简单粗暴地就把样刊寄到，让人是又喜又怕。

核心期刊编辑部的稿子正常投稿量都是当期用稿量的几十倍，指望编辑给我们拒稿信，哪怕是自动回信估计都是很难的事。多数编辑部其实反对的是一稿多发，对一稿多投不做过多的约束，一般对投稿的好稿子，三五天就会回应，一个月就能确定用与否。

合理把握投稿规律和编辑部的用稿周期，主动打电话询问稿件进程，都是投稿后我们能做的。编辑想用我们的稿子，不用我们主动联系，编辑备用的稿子，打电话催稿多了，稿件就会一直备而不用，戏称"一催就没了"。

论文的写作有多难，发表的过程就有多难，在既定的评价体系之下，各行各业都在金字塔前转圈，学术界生存不易，我们一定要珍惜每一次投稿机会，感恩认真回复自己的期刊编辑，感恩发表自己论文的期刊，路虽艰难但终将到达目的地！

02 论文引注的常规格式

在论文写作阶段用什么样的格式处理参考文献和注释也是有讲究的。有些人对于参考文献的引用规则不够明确，比如尾注和脚注的区别，一篇文章能够引用同一篇文献几次为宜，引用同一篇文献应如何标注，碰到这些情况就比较迷茫。在投稿阶段，不同的期刊有不同的文献和注释引用格式，特别是我们想一稿多投时，处理起来真是费时费力，有时因为这份投稿的不便，不得不被动遵从一稿一投，如果3个月后仍然没有拒稿，这一等时间就长了。

一、常见的参考文献格式标准

根据我国发布的GB7714—87《文后参考文献著录规则》，文献类型以不同代码区分，加中括号标注，分别为：

专著［M］、论文集［CSSCI］、报纸文章［N］、期刊文章［J］、学位论文［D］、报告［R］、标准［S］、专利［P］、联机网上数据［DB/OL］、磁带数据库［DB/MT］、光盘图书［M/CSSCID］、磁盘软件［CSSCIP/DK］、网上期刊［J/OL］、网上电子公告［EB/OL］。

常见参考文献范例为：

高铭暄. 中华人民共和国刑法的孕育诞生和发展完善［M］. 北京：北京大学出版社，2012：404.

张斌，沈燕梅.分级视角下的涉警舆情成因分析［J］.辽宁警察学院学报，2020（2）：64-69.

谢飞君.围绕"杀妻案"的调侃都该停止［N］.解放日报，2020-07-28（002）.

孙品一.高校学报编辑工作现代化特征［CSSCI］.中国高等学校自然科学学报研究会.科技编辑学论文集（2）.北京：北京师范大学出版社，1998：10-22.

刘彦.70年中国基层社会治理的演进路径及经验研究［D］.东北师范大学，2020.

黄小殷，吕军萍，杨明华.广州去年处理地铁"色狼"52人，最小16岁最大年过七旬［EB／OL］.2020-01-09.

具体的文献导出完全格式可以参照图6-3的方法操作，从中国知网检索到论文后，点右上角的左引号，直接出来标准的格式引文。图6-3黑色部分即为引用文献：

［1］李向玉，张蕾.西方青年"躺平"的由来以及对我国的启示［J］.广东青年研究，2021，35（04）：53-62.

前述格式有期、卷、页码，文献信息相对比较全，通用的表达格式也可以是以下这种：

［1］李向玉，张蕾.西方青年"躺平"的由来以及对我国的启示［J］.广东青年研究，2021（4）.

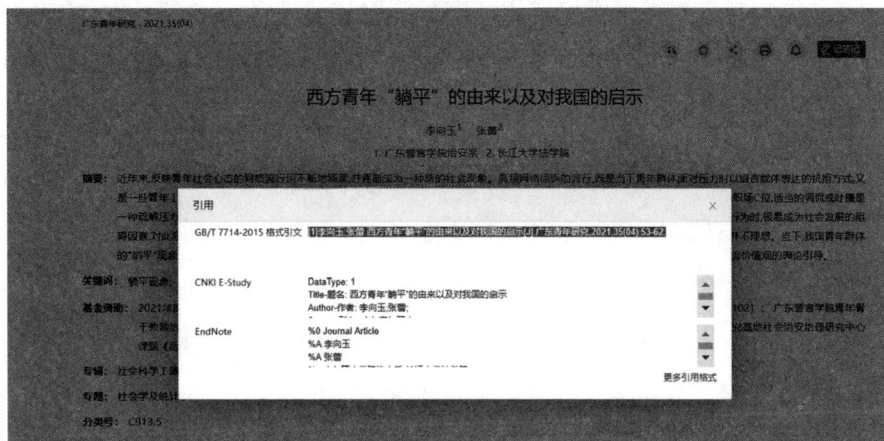

图6-3

二、尾注VS脚注

目前我国的论文引注没有统一的格式标准，一些期刊喜欢用脚注，方便读者看论文时与参考文献一并对应，这种引注形式将引用的文献和注释混在一起，用①.②.③……的形式排序，放于每页下方，每页单独排序，无论增删，序号自动更新排序。

①邓海峰，杨如筠，张召怀.法律硕士培养中的精耕细作与彰显风格——清华法学院法律硕士教育改革的新探索［J］.研究生教育研究，2017（05）：73-78.

②李春根，陈文美.导师与研究生命运共同体：理念与路径构建［J］.学位与研究生教育，2016（04）：55-59.

③李向玉，徐前权，胡艳华.《基础》课案例教学在高校创新型人才培养中的实践与思考［J］.长江大学学报（社科版），2016，39（08）：82-85.

但多数期刊喜欢用尾注，统一用［1］.［2］.［3］……的形式放于论文最后一页，参考文献序号于文中与文后完全对应。

［1］邓海峰，杨如筠，张召怀.法律硕士培养中的精耕细作与彰显风格——清华法学院法律硕士教育改革的新探索［J］.研究生教育研究，2017（05）：73-78.

［2］李春根，陈文美.导师与研究生命运共同体:理念与路径构建［J］.学位与研究生教育，2016（04）：55-59.

［3］李向玉，徐前权，胡艳华.《基础》课案例教学在高校创新型人才培养中的实践与思考［J］.长江大学学报（社科版），2016，39（08）：82-85.

三、学位论文的论文格式、参考文献标准

目前，关于学位论文的论文格式教育部没有统一的标准，由各高校自行规定标准，研究生的论文格式等要求由研究生院负责，本科生论文标准由教务处制定。有些高校理工科占优势，研究生院统一采用理工科论文标准格式。还有一些本科高校，教务处对本科论文参考文献把握不准，相应的文献参考标准随时变化，给导师和学生都带来了一定的困扰，其实也是不太合适的。

从学生对论文的态度，指导教师基本上都能大致判断出每个学生未来的发展情况。每年国家机关职位的遴选中，那些脱颖而出的多半是在学校期间就文笔好、善总结的学生，求学时代的每一次努力都不会白白浪费，都会在相应的时候给自己丰厚的回报。

四、中国法学会规范法学论文引注标准的尝试

论文的引注格式不一，对期刊的编辑造成较大的影响，也不利于知

识的传播。为此，多家法学期刊社和法律图书出版单位共同起草制定了《法学引注手册》，中国法学会法学期刊研究会推荐使用。2020年5月1日，《法学引注手册》由北京大学出版社出版发行，在参考文献的格式标准中规范较好。目前，法学期刊在引注标准方面基本做到了统一，但各家期刊的出版格式等方面，受期刊印刷单位影响，仍难以实现统一。

本引注手册由下列单位共同制定并使用
中国法学会法学期刊研究会推荐

《中国法学》	《法学》	人民法院出版社
《中外法学》	《法学家》	中国法制出版社
《中国法律评论》	《法学研究》	中国检察出版社
《中国刑事法杂志》	《法学评论》	中国民主法制出版社
《东方法学》	《法商研究》	中国政法大学出版社
《比较法研究》	《法制与社会发展》	北京大学出版社
《北大法律评论》	《国家检察官学院学报》	法律出版社
《华东政法大学学报》	《环球法律评论》	知识产权出版社
《行政法学研究》	《政法论坛》	清华大学出版社
《交大法学》	《政治与法律》	中国知网
《财经法学》	《清华法学》	

图6-4

03 引用参考文献，不能多多益善

论文写作不能不引用参考文献，这是学术伦理问题，但论文要引用多少参考文献，又是个技术活。期刊不同，要求不同；学科不同，规范也不同，要结合学科和拟发的期刊综合分析判断。

一、根据论文字数及期刊判定参考文献引用数量

一般的综合性学术期刊，论文发表字数普遍在12000字到18000字，包括参考文献引用在内，编辑最多给9个版面。如果论文字数太多，除非文章足够好或者作者名气大，否则编辑那关过了，主编那关也难通过。如果主编决定要用，太长的文章多半分上、下两次编发。论文发表前我们应尽量将目标期刊近一年左右的拟发栏目看一遍，熟悉论文引用参考文献的格式等情况，把握好论文发表中的各种注意事项。

论文参考文献的引用以期刊定数量是最好的选择。以西南某CSSCI期刊为例，每篇文章在8000字左右，包含英文翻译部分在内，编辑最多能给你4个版面，参考文献能引用多少，想都能想得到，要么发，要么不发，自己决定。选择的期刊，决定了论文参考文献引用的数量，在保证学术无瑕疵的情况下，要合理确定文献参考。

从论文发表的总体情况看，15000字的论文参考文献一般要控制在25个以内，多数情况下，参考文献、注释一般在20个以内。此外，论文题

目、摘要和关键词的翻译还要占半页，正文论证的每一个字数都相当宝贵，多数编辑只会给7到8个版面，每个框架都要合理确定对应版面所占字数。

二、以学科归属和论文类型决定参考文献引用数量

历史学科的论文比较特殊，要引用的文献来源多，CSSCI期刊发表的历史类论文参考文献通常也在40个左右。在论文总字数一定、版面一定的情况下，如何论述，确实考验作者的功力。以《学海》为例，历史类的参考文献最多的达到70个左右，最少的也在40个，论文一般7个版面。引用的参考文献只能是最重要的，对论文写作帮助最大的。如果论文字数近3万字，13页左右，再好的论文，编辑认为选题好就会让你不停地修，将3万字的论文压缩掉1万多字，这种痛苦和写作难度，不比新写一篇论文小。

当然，对于特稿或约稿的参考文献有一定的例外。《民族研究》2021年第2期发表的《百年来中国共产党的少数民族民生实践历程与经验启示》，20页的论文，4万多字，参考文献有近60个。而发表在权威期刊上的书评类论文多邀请名家来写，论文一般也就2页，参考文献2到3个。《民族研究》2021年第2期发表的书评《批判、借助和吸纳：马克思主义对待民族主义的立场与行动——评王希恩新作〈马克思主义理论和实践中的民族主义〉》，参考文献只有1个。

文献综述类论文受写法影响，要大量引用参考文献，数量比一般的论文引用要多，可以参考历史类学科论文引用的数量。但综述类论文参考文献引用多，论文查重要求与一般论文差别不大，对作者提出了较高的要求，论文写作难度会比较大。

04　引用参考文献，也要讲点规矩

　　论文写作中少不了引用参考文献，但参考文献的引用不是任由自己规定，想怎么引就怎么引，也有一些"潜规则"。提前了解引用中的潜在规则，对论文的顺利发表和课题申报都有一定的助推作用。

一、引用本领域最权威的期刊、作者

　　在论文写作中引用本领域内最权威期刊的文章，是间接向编辑说明你也是站在了理论前沿，是在经过大量阅读和思考后才动笔写的论文，不是闭门造车，抓耳挠腮之作。

　　本领域最权威的期刊有哪些？最简单的方法是看中国社会科学院对应你的专业研究机构，这些都是政府的智囊机构兼办有重量级学术刊物，如法学对应的通常为中国社会科学院法学研究所，主办的刊物有《法学研究》，民族学与人类学研究所办有《民族研究》，政治学研究所办有《政治学研究》。有时间，我们仔细研读本领域的顶尖学术期刊，学术水平无形中就能有所提高，即使暂时看不懂，至少能了解前沿理论的进展是什么，研究热点又是什么。

　　法学等学科解决的是社会现实问题，不少权威期刊文章的作者要么参与最新立法论证，要么参与疑难个案研讨，至少都比一般的学者提前了解高层动态，能避免一些即将过时的无效研究。立法从起草立项到最

终通过，快的两三年，慢的几十年，能对前沿问题研究的，能接触到核心立法资料的，在研究中自然是占尽先机。

还有一个方法就是阅读最新的CSSCI来源期刊，所学专业排名最靠前、影响因子较高的期刊一般都是权威期刊。在职称评审权下放后，各高校会根据情况自定权威等核心期刊种类，有的学校认CSSCI扩为核心，有的学校认本校学报也为核心。在学术研究中，我们要将本校的科研政策与学术界的认可度适当结合考虑。

能把文章发表在核心期刊的作者水平都不会太差，顺着论文参考文献再找相应文献，线索一找一个准。经常发核心期刊的论文作者差不多都是国家级学会的会长、副会长，教授、博导等本领域较为高产的作者，引用这些发文量及总下载量较高的作者的论文，大概率不会有太大的问题。如果有时间，我们还可以对比一下论文作者的发文量及总下载量，就会发现，学术研究中间不能停，停下来容易捡起来难。

二、引用本领域核心期刊

我们要养成定期阅览期刊的习惯，每周将本学科的核心期刊、人大复印资料、专业报纸等逐一细读，时间长了，学习久了，水平就会慢慢提高，每年也能试着发几篇文章，等到在高校工作10年左右时，已经发表50篇论文，出版几本书，主持几个省部级课题还是有可能的。再有就是仔细研究本领域的北大核心期刊，将综合影响因子高的期刊尽可能地浏览完，挑选出最有启发的论文，反复研究论文的框架，如2020版北大核心期刊中的社会学与人口学，从上述期刊选取与我们论文主题最相关的文章引用，能达到最好的效果。

社会学		C91
1		社会学研究
2		社会
3		妇女研究论丛
4		青年研究
5		社会学评论
6		社会保障研究
人口学		C92
1		人口研究
2		中国人口科学
3		人口学刊
4		人口与经济
5		人口与发展
6		西北人口

图6-5

三、拟发期刊尽量引用一篇左右

受各种核心期刊评定指标的影响，各期刊对引用率都较为看重，但"真引"与"假引"总是相对存在的。有指标就有完成指标的办法，在打击"假引"的趋势下，一些期刊编辑部由之前的公开奖励引用变为什么也不说。从实际操作看，没有哪家期刊不愿意进入核心方阵；从作者投稿的角度看，拟投稿的期刊都定了，肯定也少不了打印该期刊的文章来研究，看了他人的论文总不能没有一篇被打动吧？

再从论文顺利发表的角度考虑，我们在论文写作及修改阶段，如能引用，则应尽可能引用拟投期刊一篇左右的论文。在这样的学术锦标赛上，期刊也不能免俗。当然，如果我们不引用所投期刊的论文，编辑的操守还是有的，仍会照常处理，质量对任何期刊来说都是第一位的。

四、期刊引用及论文作者负面清单

有引用的参考文献就有不能引用的参考文献，哪些期刊和作者的论文不能引用，有的高校会列出期刊负面清单，凡清单里面的期刊都不建议发表，更别说引用了。但公开点名批评会招致期刊非议，只能我们自己慢慢总结，最简单的方法是看博导的论文发表到哪个期刊，一般问题都不大。

西南、华北和西北几个为旬刊的普通期刊，每期上百篇文章，每篇论文一到两页，短平快的操作手法，让不少发省刊才能毕业的研究生顺利拿到了学位，但助长了更多学生的不学无术。一些高校操场的电线杆、大树、宿舍楼墙上甚至厕所里，到处都是这些期刊的小广告，有的广告还贴到了研究生院的公告栏里。

无论是本科毕业论文、发表正规期刊的论文还是硕士学位论文，此类期刊我们应尽可能少引用或不引用，能不在那里发表论文就不发。在硕士研究生面试、博士学位申请、职称评定等环节，这些论文不是帮我们而是害人。除核心期刊的旬刊以外，除非应急，否则还是尽量少发或不发。有些核心期刊主编、编辑买卖版面，问题一大堆，引用此类期刊时也要注意。有一些论文的作者，因涉及犯罪被判刑或因政治问题被审查，无论学术水平有多高，在引用此类论文时也要尽量规避。

可能有人会说，我的水平就这个样子，不找这些期刊，那论文还怎么发表？对于这一点，如果我们不再继续攻读学位，以后也不在学术圈发展，那问题不大。可后面的路，谁又能保证不会拐弯呢？对于一些学院里评上职称的老教师来说，临近退休，发表什么样的论文都没有任何意义。再说，不收费的期刊一大把，稍加努力就能发表，如果一篇小论文都写不好，硕士论文3万字以上，你恐怕更难完成，难道因为难就不要学位了吗？

五、学位论文谨慎引用

不少人写论文时，喜欢引用学位论文，不可否认，"双一流"高校的导师及研究生水平基本上还是可以保证论文相对的水准。但从整体上看，学位论文写作时，受年龄、理解能力、知识储备等制约，论文写作的水平肯定难以达到个人最佳水准。

在一些省属高校，学位论文特别是硕士论文多在内部交叉评阅，外审也是知根知底的同类院校，近似于定点定人外审，很难从根本上保证论文质量。一部分优秀的硕士攻读博士学位，发小论文占据了大量的时间，自然无暇抽身完成硕士论文，剩下的硕士忙于找工作、考公务员、考事业单位、考博士、司法考试等各种事务，导致学位论文的写作流于形式，质量难以有效保障。

近年来，硕士招生基本实现了本科高校全覆盖，博士点在省属重点高校全覆盖，但问题来了——师资及专业建设未必同步到位，一些博导常年没有招生名额，一些博导多年无人报考，各人的苦只有各人清楚。有些学生，他们学位论文的框架、资料都要导师亲自操刀，如何真正把握论文质量？

而核心期刊论文，有严格的初审、外审、复审等流程，质量相对有保证。因此，对于学位论文引用的处理，我们在实在无引用论文或确实在前沿方面可圈可点时再引用，否则务必谨慎小心，能引用硕博士论文修改后出版的专著就尽量引用专著，博士论文的框架结构和文献综述部分，基本上花的时间最多，特别是文献综述的外文文献部分，论文写作中缺少外文时也可综合参考。

05 论文写作中要学会通过参考文献与他人展开对话

在论文写作中，不少作者没看文献时还很清醒，随着看过的参考文献的增多，反而模糊了自己本来的观点，对比之下发现别人的文章写得更深刻、更全面，于是对自己的观点就越来越缺乏自信，会情不自禁地跟着别人的思路走。

另外一些作者在写作思路清晰的情况下，已经搭建好写作框架，观点也已经成形，但在具体写作时却出现措辞困难的情况，无法表达自己的所思所想。

论文写作中如何充分展开观点，如何组织更好的语言，是我们亟待破解的困局。同时，由于论文整体逻辑把握不到位，缺乏专业性强的术语，特别是在初稿写作时，不少作者容易出现口语化表达，写作是顺畅了，口语化的语句却到处都是，加大了后期论文修改的难度。

问题要想顺利解决，我们就要处理好个人写作部分与引用参考文献的关系，在论文写作中要学会与别人展开对话，通过对话，让自己的思路始终处于专业的框架内，与学术前沿接轨，不断摆正论文方向的定位和题目的关系，在内容的筛选与增减上下足功夫。

一、论文写作前，不妨开篇先做个小综述，梳理前人研究欠缺点

综述在论文写作中具有重要的作用，每个人的研究都是建立在前人

的基础上，对他人的研究当然不能不提。开篇简要性的综述，能告诉读者我们这篇论文写作的主要想法是什么，论文与之前的研究区别在什么地方，具体创新点是什么，从而快速吸引读者。在论文初审环节，好的综述更能让编辑感受到投稿者认真的写作态度。

比如《农村集体土地权属之争：问题、成因与司法终局之路径选择》一文，在提出问题的部分，作者对部分农村中的一些狠人、恶霸肆意强占公共土地、起房建屋、出租转卖等行为进行梳理，将此类行为归结为导致农村道路阻塞、相关村民权益受损、对举报者用报复手段解决的原因，从而推导出新形势下，集体土地保护的新难题应如何化解。文献回顾部分，他从三个方面对以往成果进行梳理，引申出集体权利弱化后，农村秩序维护与集体土地保护的司法解决终局方案。

土地是农村最为重要的资源，集体土地更是集体经济发展壮大的前提和基础，历年的中央一号文件对此都予以特别强调。近年来，随着国家层面自上而下的乡村振兴战略推动，农村的发展进程增速较快。但农村发展过程中面临的历史遗留问题较多，在一些争议地带，部分集体成员违规占用集体土地现象突出。同时，在乡村振兴的大背景下，无论是集体还是个人，农村生产活动与土地资源占有的多寡密不可分。一些集体组织内部成员争相占用或争夺集体土地，在此过程中，相关司法诉讼案件频发。本文在梳理中国裁判文书网类似诉讼文书基础上，结合实地调研补充，对此问题进行分析。从整体上看，集体土地权属之争有其发生的深刻社会背景，更有法规与乡情的叠加和交织。站在司法裁决的角度考量，裁决的依据与司法的可执行性是裁判文书效力发挥的重要基础。但集体土地权属矛盾的化解不能从单一视角切入，要多管齐下，在充分调动各方资源形成合力的背景下加以解决。

一、文献回顾

相对三农问题的其他方面研究而言，学界对集体土地权属的研究大多从多学科的角度来展开，相关的研究成果主要集中在以下几个方面。

一是对乡村秩序与集体权益关系研究。在转型期，社会失序问题是社会发展期尤为突出的普遍问题。在村集体组织的弱化区域，农村混混对农村社会的影响日益严重，使得乡村成了"江湖"。① 同时，中国集体产权具有一定的特殊性，准确理解农地控制权与农地产权的界定，有助于厘清农地的这一制度性安排。② 集体的权威与集体的财产权多寡是密不可分的，所以一般学者认为，乡村秩序的建构更不能离开财产的占有支配而过分强调民众的自主权，最终仍然要达到"形成自治、法治和德治相结合的新秩序"。③

二是探讨集体土地的性质和利用方式。集体的土地所有权与农户的土地使用权在一轮轮的土地承包中得到强化，稳定了农村的土地关系并提高了农

图6-6

近年来不少期刊都很重视论文中的文献回顾研究，借此验证作者的学术功底，看作者能否提出"真问题"。不过多展开的小综述，在历史类论文写作中最为常见，既回答了自己论文的创新点，又对以往的重要

文献进行了系统的回顾。学术是需要继往开来的，新问题不断产生的同时，问题解决都要从历史中找到以往对该问题解决的路径方法。

二、系统提出问题前，可以谈谈别人的成果，逼出自己的创新点

通过参考文献与他人展开对话，我们可以将自己的研究提到更高的层次，逼出自己论文的创新点。在学术研究中，参考文献的引用具有重要的作用，换句话说，当我们实在写不下去的时候，看看参考文献也许就可以帮助我们扩展思路，保证有话可说。

比如《当代西方青年"躺平"由来及对我国青年成长引导的启示》论文的写作，国外的文献梳理难度最大，在前期消化吸收资料的基础上，不同国家的常规做法、有效政策需要以转述的方式引用，以此来降低文献引用引发的论文重复率上升问题。在后半段具体启示的写作中，作者自己的观点创新才是最核心的自然段，如何去写，文无定法，要参考之前研究者的不少成果。但"躺平"是较新的话题，没有多少文献可供参考，仅能对类似文献梳理引用。

这篇论文的作者通过与参考论文的对话，思考之前的对策建议对当下的作用，结合当前疫情的背景进行对比，探讨新问题的解决方法。这说明，正是在系统提出问题之前，先与他人的成果进行对话，才能逼出作者的创新点。

人文法律社科论文的写作，对每个自然段的段首语有较高的要求，讲究语句高度凝练，引用参考文献时，论文的写作仍要遵循不同论文的写作要求。无论是段首语、段落与段落之间的过渡和衔接，还是论文最后的结论与讨论，都要对引用文献有必要的回应，充分尊重原文著述者的贡献。

06 非引不可的案例，要巧妙地换个方法"抄作业"

论文写作离不开案例，文科专业的论文写作，案例、故事是启发作者灵感的法宝，在论文写作中的重要性不言而喻，能起到较好说明的作用，更可增加论文的论证力度。但案例引用把握得不好，查重后全段落红的场景让人难以接受。处理不好导致论文修改难度太大，不修改又无法顺利发表，但如果我们换个"抄"法，这个引用难题也许就能迎刃而解。

一、你是将该案例拿来写论文的唯一一个，怎么引用都无所谓

案例的引用分很多种，如果你引用的案例来自自己的调查获取和总结提炼，那自然问题不大，想怎么引用就怎么引用，根本不用担心查重。

如果是调研对方直接提供的材料，那么这样的材料就只能参考，不能全文照搬，尤其是一些本来就没有办法保证原创性的公文。去年一次疫情中，位于湖南省的张家界市被报道成湖北省这样张冠李戴的情况不是个例，所以引用案例时，我们还是小心为妙。

调研是了解情况的好方法，但自己的总结记录，是论文写作资料最基本的来源。

都说社会学、政治学专业的作者论文写得快，可人家每年一下基层

调研就是三四个月不冒头，这才叫"实践出真知"，要知道，"快枪手"的练成都是建立在吃苦受累的前提之下。

二、公开途径获取的案例，要压缩并改写后再引用

实证研究法是不少学科都喜欢的论文写作方法，但实证研究如果采用的是公开的案例，比如我们从中国裁判文书网、无讼网、最高人民法院、最高人民检察院等途径查找案例时就要格外注意。

此类案例使用的人一定很多，所以对此类案例不能"拿来主义"，如果涉及文字表述，一定要压缩改写后再引用，否则论文与论文之间查重时大概率会撞车，案例与案例又高度一致，就会导致审稿编辑对论文学术性的认可度大打折扣。因此，引用案例，我们尽可能用一定的方法提取出论文需要的材料，用画图、列表等形式将统计的数据展现出来，这样既能体现论文的学术性，也能更好地说明问题。

三、法条引用不能一字不落全抄，只写法条号即可

论文的工作重心在论，中心在述，这是一个基本的方针。但很多作者往往忽略这一点，比如在刑法方面的论文写作中离不开对法条的引用，有人引用法条全文不落一字，生怕看论文的人不懂，结果查重就是红通通的一片。举个例子，我们要引用《刑法》第234条故意杀人罪的规定，那一笔带过，直接写问题，就可展开论述。法条引用，写上法条数即可，论文是给本专业的人看的，不是普及常识，业内人士都知道的就不用写，既省笔墨也显得专业，非专业的人又有多少会看这样的论文呢？不信你看看中国知网自己发表的论文，最高下载量是多少，引用率又是多少？凡是下载的人大都是专业人士，可以说都具备"踢场子"的

水准。

当然，如果我们是写公众号，就不能只写法条号，最好全文都写上，因为这些东西什么层次的人都看，所以越通俗越好，要的就是流量，公众号写得越专业看的人越少。知识点要有一定的关联，但传播力才是第一位的，要保证阅读量能瞬间上升，能篇篇有人关注，读后还能分享，不同的文体写法要求完全不同，我们都要灵活掌握。

第七章

发表论文要学会按图索骥

论文写作大都是为完成学业或发表研究成果，但以结果导向看，人文法律社科论文的评价与理工科论文完全不同，评判者的个人喜好、刊物的用稿取向都会影响到论文的命运。因此，从论文快速发表的角度来说，我们从论文写作初期就要选好目标期刊，研究拟发表期刊的风格，在论文格式等细节方面与目标期刊尽量保持一致。更为重要的是，在论文发表初期我们要衡量好自身实力、所在高校的整体水平和论文课题层级，选择合适的学术期刊投稿。

01 论文发表前要了解影响发表的几个问题

论文发表过程中的一些小技巧，如果我们能灵活运用，可大大提高论文发表的概率。决定论文发表的因素很多，但总体而言，都有相应的解决方法。经常投稿的老师们应该都有体会，论文是否能顺利发表，决定的因素有很多，不是文章好就能发，也不是选择对刊物人家就能收，更不是认识高级别的编辑就能一路绿灯。影响一篇论文顺利发表的因素太多，但大致来讲，主要有以下几方面。

一、学校层次级别不高影响到论文发表

在教育部各项评估指标考核下，期刊的指标也在不断细化，最终的结果就是强者越强，弱者越弱，学校的层次决定了论文发表的层次。在教育放管服改革之前，一些老师认为之前各学校的职称评审条件一样，难度太大，不利于自己的发展。而放管服改革后，教育部下放了职称评审权，各高校的职称基本上都是自评，论文的级别也都由各高校自己说了算。

在这样的政策之下，现在的教授职称基本可以说就是，自己学校范围内还算管用，出了这个圈，别的高校可能不会怎么承认！所以，看着别人发表几篇北核的论文评上正高，千万不要羡慕，或许在他们学校，一般教师想发北核都难于上青天。凡是职称评审条件低的，间接说明了学校的整体水平也不会太高。所以，其他高校老师发个北核不一定开

心，你在普通CSSCI刊上发表论文也不一定不开心。

近10年来，职业院校的老师在《中国社会科学》上发表论文的可以说凤毛麟角，别说这种国家级权威刊物，就是各自领域内的权威期刊，恐怕也少之又少！但20年前，期刊的分级分层现象并不严重，衡量的标准都以论文的质量为准。2001年，贺雪峰以讲师职称在《社会学研究》第2期发表《缺乏分层与缺失记忆型村庄的权力结构——关于村庄性质的一项内部考察》，署名单位是荆门职业技术学院农村发展研究所。

2012年9月之前，我在一所普通二本院校工作，评讲师职称，标注着自己主持的教育部、国家课题论文，核心期刊用稿通常都在三个月左右。2012年9月后，我到武汉攻读博士学位，论文署名第一单位变更后，最快的一篇CSSCI论文，仅仅三天就录用。有一篇文章投稿到某北大核心，编辑当天就决定录用刊发，并放到当期的第一篇。后来我慢慢明白一个道理，不是我们厉害，是平台厉害，2012年9月前与9月后有本质区别吗，我不还是我吗？但所在的平台变了，由二本院校变为"211"高校，"985"平台创新学科，世界知名研究所。

我们如果能在一个好的学校读研究生，一定要抓住机会多发表论文，不要害怕论文发表了以后就没有了，论文有得写，但如果平台变了，机会可能就真的没有了。试想一下，一个窝在三四线小城高校的博士生，拿到学位后出去找工作，论文发表得多，找到理想工作的机会是不是就更大！

中国法学创新网在2019年之前，每年都会统计前一年论文作者的工作单位，之后应该是考虑到负面影响，不再发布此信息。以《法学研究》2018年论文作者盘点单位为例，"双一流"院校只发表了一篇，难道是其他单位的作者水平都不行吗？并非如此。自"双一流"高校启动后，高校间人、财、物日益集中至部属重点高校，地方院校除经济发达的沿海城市外，普遍发展乏力，即使普通高校学报，为寻求更大的发展，一般院校老师也很难发表。以《××政法大学学报》为例，（2020）复合影响因子2.219，2014版北大核心，CSSCI中文社会科学引文索引（2021–2022）来源期刊（扩展版），双月刊每期约12篇文章。期期论文的作者都是清一色的教授、博导、"双一流"高校出身，这几乎成了标准配置。

某著名法学院教授在公众号说，自己2020年发文近20篇！所以，我们可以默默地感受一下，学术界的竞争都到什么程度了。

《法学研究》2018年论文作者盘点

发布日期：2019-02-27　来源：本站原创

　　按照文章的第一作者署名单位，我们对《法学研究》2018年第1—6期发表的69篇法学论文作者的单位分布进行如下统计：

（每家单位作者按发表文章时间先后顺序）

中国政法大学（7）：于飞、冯晓青、谢晶、李训虎、褚福民、雷磊、易军

华东政法大学（5）：丁勇、钱玉林、高富平、马长山、陈越峰

中国人民大学法学院（5）：陈卫东、程雷、韩大元、王贵松、丁晓东

清华大学法学院（6）：张卫平、崔建远、高丝敏、章凯业、程啸、张明楷

上海财经大学法学院（3）：朱晓喆、叶名怡、刘洋

四川大学法学院（3）：顾培东、左卫民、龙宗智

苏州大学王健法学院（3）：胡玉鸿、汪雄涛、程雪阳

华东师范大学法学院（2）：柏浪涛、纪海龙

图7-1

二、没有省部级以上的高水平课题资助

如果我们有兴趣，可以看看核心期刊发表的论文，没有省部级课题资助的比例有多少。2010年，我硕士毕业第一年，投稿出去的论文尚很稚嫩，编辑打电话采稿时的第一句话就是，考虑到是国家课题资助成果，你本人也是课题主持人，我们决定发表。

而编辑和编辑部为了质量也是很负责的。我曾在晚上11点接到过编辑部主任打过来的电话，为了一个词和我沟通修改意见。我也见过大年初三发修改信息的编辑，更见过晚上10点以后回复邮件的编辑。他们远比作者要拼，就像现在老师比学生更努力一样。

比如某博导就感慨：《刊文之惑三：组稿条件》在某位弟子撮合下，某著名大学学报要我组三篇主题关联的论文。这本来是件好事，除了我要额外忙乎一阵以外，只要稿件成形，对作者、刊物都应有益。但不无遗憾的是，该刊要我组稿的同时，还给我附加了让我为难的条件——作者必须是"985"高校的教授，最好是博士生导师。按说，刊物给组稿人提出一些要求和条件，并无不可，但我私以为，这些要求，应以选题内容和行文质量为标准，而不是一些表面的名气。凡此种种，皆为常识。但我们时代的痛点，恰恰是各行各业的人每每置常识于不顾！所以，直到今天，这个约稿我还没对朋友们发出。并且很是踌躇——发出吧，这些条件有违我心意；不发吧，又有违当初初步的约定。

没有博士学位及副教授职称是论文发表最大的拦路虎。有的人觉得核心发表不了论文，我发表在普刊总可以吧？但了解一下当下的行情我们就清楚了，不要把思维仍停留在10年前。10年前说说大话，还有可能成真，10年后，硕士以上的研究生有多少？全国有多少高校教师？连小学的职称都朝正高走了，他们也有了发表论文的要求！形势有多严峻，

只有深入那一行才清楚那一行的苦，不少外行羡慕学校有寒暑假，还真以为大学老师暑假天天在家吃西瓜吹空调呢！

　　10年后，大家看看那些曾经熟悉的省属甚至一些市属院校，无论是身处一线还是十八线小城，有多少还没有硕士点的？有些早在10年前连一级博士点都设立了。核心期刊早已不刊登无学位、无高级职称、无课题的"三无人员"的论文了，甚至一些三线学报都公开要求要达到什么样的情况才审稿。这一下，"三无人员"更被逼到无路可走。而且，即便你身在一些世界一流高校，论文发表不出来，照样没有任何办法。

02 掌握几个小窍门，快速化解论文发表中的不利因素

论文发表中有多少不利因素？估计论文发表不出去的人都能啰啰唆唆讲半天，但相信多数人也不会被困难吓倒，办法总比困难多，所有的难题都是有办法化解的。以下几种方法，我们可以对号入座，看是否对自己有用。

一、要学会与人合作

这是传统上的"拉大旗扯虎皮"的方法，没有什么大不了的，就是放下身段，现阶段我们水平有限，与人合作时，只要别人看得上我们，与人合作也是给自己成长的机会。比如论文发表在《中国社会科学》上，挂最后三作、四作估计我们也百分百愿意，就怕这样的机会少之又少。与人合作几次，水平提高了，就可以将厉害的人署名第二或第三作者，让别人指导自己写作，更让别人帮自己一把，完成职称条件或顺利实现课题结项。

我们要利用好求学阶段的每一个机会，努力提升自己。读硕士博士是人一生最为重要的转折点，与导师合作的机会一定要抓住，我至今记得和硕导合作写的一篇论文。导师带我去调研一个星期，路上谈思路，定框架，初稿2万字，我用一周左右的时间就完成了。导师看完后意见发我邮箱，我改一周后再发导师。反复修改了十几遍，最后修修补补，字数不

增反减，最后以1.6万字发表于某期刊。这样宝贵的经历，让我水平提高很快，经过几次合作，导师对我认可以后，一有机会就会给我推荐。

我当上硕导后，也遵循两篇文章原则，第一篇我带着写，前后一个月写初稿，一个月修改，从选题、资料、框架、论证、引用、投稿、返修、校对到最后完全见刊，一定要让下面的硕士经历完整的一个流程。第二篇以学生为主，尽可能让其独立投稿，经过两篇近3万字小论文的锻炼，他们基本上就能驾驭硕士论文。

当然，不是每个学生都愿意去受这样的累，但一年一年的学生进进出出，总能找到三五个有想法又愿意主动学习的。每一代人有每一代人的活法，有的人志向在赚大钱，有的人读硕士就是为了找个饭碗，有的人是为了找跳板出国读博士，有的人从出生家里就安排好了一切，大道通天，只能理解万岁吧。在教育部对论文严打后，有的学校将本科论文也匿名送外审，校园学习风气明显改善，也生出不少其他事件，但凡事都有利有弊，对高校而言总体是件好事。

在找人合作方面，最好找的就是我们自己的硕导或博导了。有人可能会说，导师从来不与人合作，其实不是导师不想合作，他们是怕被连累，怕自己的一世英名毁于他人之手。但是我们要相信，在学术之路上，最能帮我们的，希望我们出成果的，就是我们的导师。他即使不署名，只要文章好，有知网检测证据在，也会帮忙将文章推荐给相应的期刊编辑。

每个硕导、博导都多多少少有与自己有点关系的编辑，多年的合作或支持关系，编辑已将导师的人品与作品高度合一，在文章质量过硬的情况下，一般不会拒绝帮忙的请求。除非你的文章质量太差，连导师这关都过不了，那还是继续闭关好好修炼吧。

有时候，如果我们的选题很好，也看准了某家期刊，但苦于自己没有统计或定性的研究能力，这时候不妨大胆邀请管理或经济学院的老师合作。这类学院的硕士生都能把论文发表到CSSCI刊上，找个水平高的学生，借力用力，灵活运用第一作者和通讯作者的署名技巧，对双方来说，都不会太吃亏，对合作者而言，也是一次相互学习的机会。

二、尽可能将论文标注高级别基金课题

大家在投稿过程中，都能感受到编辑对高级别项目的重视程度。没有省部级或国家基金项目，学校出身也不好，更没有博士学位，论文如何顺利发表？论文发表中的不成文规定是，核心期刊发表论文，对作者的最低要求便是省属以上高校副教授且获得博士学位。不符合条件的文章，即使编辑看得上，主编那一关也不太好过，他们也有年终考核要求，不可能为了一个八竿子打不着的无名小辈违反原则。一个主编任内期刊如果掉出了核心方阵，估计就要换人了。现在各种各样的基金越来越多，比如有的高校国家社科基金重点项目、重大项目的子课题都认定为国家社科基金，灵活运用学校的科研和职称政策，都能让自己的论文如虎添翼。对于基金主持人而言，在没有任何损失的前提下，别人帮自己完成科研任务，对双方都有帮助，甚至或多或少都会给一些费用。

三、如有可能将论文挂个"双一流"的二作单位

从当下的科研大环境看，似乎编辑部永远都缺好文章，但又总不缺好文章，而无数普通二本院校的老师却屡投不中。最难受的就是省属重点大学的高校，就全省来看，平台好像不错，而放眼全国，基本上数不着，但每年的考核和职称评审标准却越来越高。还有些高校的各项标准甚至高过同城的世界一流高校，等老师的水平真的达到了一定高度时，厉害的师资

都流失得差不多了，在科研竞争日益激烈的当下，如果新进人员都没有编制，都是三三制非升即走，对科研水平高的老师其实是个不错的机会。

我们也都能感受到，各高校对省级重点研究基地越来越重视，每年大把的钱就是花不出去，高水平的研究者产出严重不足，而各类考核越来越严、越来越多。大家可以发动各种手段，争取成为此类机构的外聘研究员，在不明实情的人看来，研究员可比教授厉害。这样做，一是化解职称过低的劣势；二是第二署名单位普遍是原"211""985"高校，论文发表中的不利条件瞬间得到解决；三是如果本身属专科或职业技术学院之类的高校，文章发表的难度更大，除职业类的核心期刊外，能上核心的期刊寥寥无几，倘若以某某省研究基地署名，原单位名称的劣势就能大大降低。

四、准确把握投稿时间，提高论文命中率

论文能成功发表，把握住合适的投稿时间也很重要。寒暑假的时间，除去开会放松的几天以外，我敢肯定地说，60%以上的老师都在家看文献写论文。两个月的创作期结束，文章雪花一般地飘向编辑部。没有名气，学校又不好，谁敢等着期刊来约自己？学校什么时间最忙，什么时间老师没时间写论文，基本上就是编辑部缺稿子的时候，田忌赛马，什么时候放出什么样的马参赛，大家可以用心体会。

每年的五月、十一月底前后，是各编辑部好稿子欠缺的时段。寒假放假之前，各编辑部基本上要完成三月之前的出刊任务，这就意味着，此时段的用稿量将大大增加，但好的稿子基本上都是每年的三月、九月才陆续增长。特别是那些单月刊的期刊，要保证按时出刊，用稿量势必会较快增长。如果我们有质量不错的论文，不妨放一段时间，多出去开开会，根据反馈意见用心修改，不断提高论文水平，这才是为论文找到好"婆家"的

保障。相信经过这段时间，大家都会明白一个简单的道理，即论文是不能速成的，没有长期坚持的阅读专业文献，把握学术前沿信息、不停地写作和精心修改，加之用心选择合适的期刊，再好的论文也难以顺利发表。

五、能被人大复印资料转载也是挺有面子的事情

作为高校教师，我们一定要关注学校的职称评审条件，打印出来，时时翻看，围着指标转，围绕各高校的评价标准进行科研工作。论文基本上都是为了课题、奖励等展开的，很多人不愿意申报课题，觉得申报课题太麻烦，太累。但换个角度看，有了课题你就要结题，结题就要逼着自己出成果，慢慢地，自己的水平不是也能提高？

再者说，就是不申报课题，论文写作也有必要的打印、复印、买书、调研等支出，如果纯粹自费去做，短期内可以，长期下去就会影响我们的积极性了。因此，学术研究在短期内是有目的性的，等我们评上教授了，就可以休息一下，有选择地做学术研究了。

在高度量化考核的时代，论文不能在核心期刊发表，并不代表文章不好，更不是自己能力不行。好的普刊或影响因子较高的普刊，人大复印资料转载的概率也很高，不光我们在努力，编辑也有自己的渠道向人大复印资料编辑部推送。此外，不少高校大多都将人大复印资料、新华文摘转载和《中国社会科学报》刊载的文章等认定为权威或核心文章，这也是条不错的路，可以有选择地尝试一下。

在新一轮评价指标的助推下，说不定什么时候机会就来敲门了，在高校内工作，在越来越严的岗位考核之下，在博士学位成为标配，副高职称逐年增多，正高职数越来越少，"双万计划"本科专业建设等大背景下，不发表论文就出局将逐渐成为常态，我们不可掉以轻心。

六、内聘的副教授、博士生导师真吓人

有没有关注到一个有意思的现象，与我们同年毕业的博士，半年不到的时间，人家发表的论文，个人简介里都是副教授、博士生导师？当你祝贺你同学步入学术高级殿堂时，当你悄悄地问高端人才的工资时，却突然发现，他在群里都舍不得发一个感谢的红包，工资和讲师一样，每月还是那么些。

在高校竞争日益激烈的环境下，为了科研大比拼的需要，一些高校在校内将学术拔尖的部分博士直接内聘为"副教授、教授、博士生导师"，此职称仅仅可用于科研，与待遇和招生无关，正常的职称晋升仍然要一步步地走。在国家社科基金申报条件调整前，某高校在读博士也以"研究员"申请国家社科基金，发论文时也同样如此操作。我们设想一下，同样的论文投稿过去，人家是"副教授、教授、研究员、博士生导师"，你是货真价实的老讲师，在课题申报会评环节，同样的条件下，是把课题给"研究员"还是投给"小白"？

同样博士毕业，你就一个博士学位，人家主持过国家课题及省级课题若干，并成功发表核心论文近10篇，直接被聘为副教授、教授，人与人、学校与学校无形中就拉开了差距。如同某些高校将博士后不称博士后，直接以特聘副研究员、特聘研究员称呼一样，不和待遇挂钩，一切为了科研需要，一切服务于科研。在高校事业编改革后，引进的高端人才只要达到学校的进人标准，无论年龄达标与否都给教授、博导的称号，但聘期结束过不了考核，一切就到此结束。

03　论文开始写作之前，先要想好大作准备发到哪里

在解决了上述技巧性问题后，我们如何选择和权衡具体的期刊就成了重中之重，期刊选得好，一投即中；期刊选不好，浪费时间更浪费文章，对于热点文章，风头过后可能普刊都很难发表。论文的生死，一切皆可安排。因此，正确评估我们自己的水准，正确判断论文的级别，合理决定投稿刊物，具体来说，有以下几个小方法。

一、投稿前根据自己的各项条件权衡决定论文去向

如果我们的各项条件都很好，论文发表自然不是问题。由社科院系统的顶刊某某研究到行业CSSCI、北大核心，再到综合性期刊等刊物，慢慢寻找发表的机会。顶尖刊物发表的周期漫长，但好饭不怕晚，所有的等待都是值得的。

人生需要一次出彩的机会，更需要一次证明自己的时候，在职称评审的PK环节，有没有权威期刊完全不一样。对手发表再多的核心文章，我们只要手握哪怕一篇《中国社会科学》，结果想都不用想，水再深的地方都要给你提前备条船！船上的人再多，我们的位置也是VIP中的VIP！

有人是论文写完了才投稿，那就要根据自己的研究领域在中国知网或万方系统中查找适合投稿的期刊，如果被目标期刊拒稿，此时也要同

步按上述方法操作。期刊投稿的难度不低于写稿，遇到约稿的期刊或机会，务必要重视。

二、务必做到定制式写作，这是论文发表的大前提

论文投稿不能乱投，在人文社会领域，失败率不知道大家是否统计过，想想自己压在箱子底的论文还有几篇就清楚了。

每个期刊都有自己的用稿风格，不适合刊物风格的论文，无论写得多好，发表的过程都不会太顺利。因此，我们都应该认识到"定制式写作"的重要性。从论文的最初想法、确定关键词、检索资料到选定拟投期刊，这些都是一步步完成的。确定好拟投的期刊，我们就要把近三年或至少近一年相关的论文全部打印，学习期刊的风格、行文方式，注释的标准格式等，这是论文在初审阶段吸引编辑最重要的点，换句话说，就是要诚意满满地告诉编辑，我这篇文章就是专门投给你们的。

定制式写作是为了投稿而"投其所好"，并没有约稿那么高的成功率，期刊拒搞的可能性并不低。在人文法律社科领域，科研的失败就是课题申报不中和论文拒稿，在核心期刊日益难发的情况下，失败带来的挫败感会成为一种常态。但我们应该仔细想想，哪一行又好干呢？既然一年也不用发表太多文章，精心打磨两篇也是一种办法，写得少，用心写，发表的概率慢慢也就提高了。

三、尽量不要浪费每一个已成型的框架

有的老师今天一个想法，明天一个主意，感觉很多想法都可以写，等真正动笔的时候却发现，想法落到纸上的难度远远大于自己的想象，结果导致电脑里存了太多没有发出去或未完善的框架。有的老师对自己

严格要求，论文必须发表在核心，否则宁愿不投。这种想法非常可怕，十年磨一剑是没错的，怕就怕在十年之后自己连根绣花针都没有，教职都保不住。

所以，我们既然曾经努力过，就万万不可浪费一个可以让别人看到自己思想闪光的机会，所以论文完善以后，无论如何都要发表出来。一个个写不下去的框架，无时无刻不在提醒我们自己——瓶颈的到来。每个瓶颈代表着一座山头，如不突破它，将永远无法提升自己。

事情都是逼出来的，都是没有办法的办法，写论文也一样！本科论文写作难，我们能不写吗？不写就毕不了业。硕士、博士论文我们能乱写吗？乱写外审过不了，同样毕不了业。评讲师靠着熬年限，时间到就能上车，而副教授和教授就没那么容易了，年限够、资历够，论文和课题不够，再多的软条件和硬条件也用不上，所以还得硬着头皮写论文。

04　实现高产不是梦：由课题到论文的双向互动经验实操

　　"高产"！可能很多人看到这个词就觉得离自己非常遥远。实际上我们如果在知网上简单查找一下就可以看到，有不少人每年能发表不少高质量的文章，有可能他们就是身边的朋友、微信好友或是同事。那么为什么他们那么能写呢？而像我们这样的普通人又该如何实现高产？

　　大家都在高校工作，那些发表论文多的同事、朋友，是因为他的学校好，是他的学生多，还是他每天的时间多于24小时？有人或许会这样说——有的老师是让自己的学生写论文的初稿，然后他再修改，所以他产出的论文就多，变相地让他的一天的时间多了起来。

　　关于这一点，我们应该回到问题本身，即怎么样走好第一步？我个人有以下七个方面体会。

一、逢题必报，将每一次的思考交给别人去批判

　　从课题申报方面来说，每年我们所属的学科或可以报上去的课题究竟有多少，不知道大家有没有系统地统计过？申报课题首先要拓宽自己的学科思路，有的老师可能会说，我自己的学科很窄，能申报的课题比较少，不太会去抢别人的"粮食"。也有的老师会有这样的疑问：如果做交叉学科课题，我的研究方向往哪些学科去交叉？

　　要想提高课题申报成功率，首先就要提升申报率，做到逢题必报，

需要在以下几个方面突破。

第一个方面，课题现在其实是越来越多。比如说我们从最初的校级课题看，校级课题里面有青年课题。有的老师可能会说，我们学校什么课题都没有，但是认真琢磨了一下，再差的学校校级课题还是有的，只不过是课题给的钱多钱少的问题。但再少的钱也是钱，再小的课题也是我们的科研经历，总不能在职称评定或晋级时，什么都拿不出来吧。实力决定一切的时候，就算谁嗓门再大，也不能空口说瞎话。

第二个方面，我们可以关注本校的研究基地，这些基地每年都会公布招标课题。比如说校级的研究基地、省级的人文社科的研究基地，还有国家级的，特别是教育部研究基地。对这些基地，国家的考核非常严格，为了完成科研考核指标任务，就逼着基地必须对外公开招标课题。

第三个方面，就是校内的人才项目。当然校内的人才项目属于竞争性申报，如果我们能拿到校内的人才项目，基本上有10万元以上的经费资助。

第四个方面，校外的研究基地和行业协会公开招标的一些课题。目前来看，这种课题只会越来越多。前面有的老师说我的平台不行，但是校外研究基地公开招标的课题一般要求以研究基地为第一发文单位，比如说中国政法大学的证据科学研究院对外发布的招标课题就要求必须以中国政法大学为第一发文单位。这样我们的平台和课题的问题都解决了，接下来当然就是看我们的论文质量如何达标了。

从这一点上来看，报课题的过程就是对我们论文框架的锤炼过程。所以说第一个方面，我们只要认识到问题就完全可以解决。具体的课题有哪些呢？一般来说，在我国各所高校的科研处，每年都会列出这样一个表，最起码省属重点院校的科研处都会做统计工作，网上随便搜索一下就能找到很多。每年上半年申报课题信息相对较为集中，有的课题申报图表会非常清晰地告诉我们，每项课题什么时候交材料，具体交多少份材料，申报人资格条件是什么？同时，有的学科科研处对何种项目申报时间都有测算，如2019年教育部的项目，8月初还迟迟没有发申报通知，但如果你能看到某文科强校科研处的通知，里面可能就有对教育部项目发布的预测和提醒。

如果你所在的学校对此信息不重视，建议一定要关注你所在省份文科特别强的三五所高校，把他们科研处的网址收藏起来，每天点开看一下，养成习惯不遗漏重要申报信息，留够充足的时间来做准备工作。一般来说，上半年大概有什么课题，下半年大概有什么课题，科研处基本上都会公布，这个非常详细，如果你拿到了这个表，就能知道有哪些结项条件，申报的经费有多少。基本上有这些前期准备的话，就不会贸然去报一个课题，一定要最起码提前一年去做准备。

第五个方面，对扩展思路而言，不是自己的学科也可以去报。比如教育学方面，法学可以研究教育法，与法学交叉的司法心理，特别是犯罪心理、社会学。政治学最近几年一直研究的热点是基层自治、社会治理，从法学交叉的角度也可以研究，那么社会学和政治学更可以研究法学。大家在报课题或是写论文的时候，一定要用关键词来确定申报的学科，不是非得报跟学科相关的课题。指南里面给出来的题目，它不仅仅是以一个指南放在那里，代表的是一种导向，所以不能由学科去确定申报选题，这种风险是比较大的。

第六个方面，我们在做适当交叉的时候，相近的三四个学科，可以尝试着把它打通。同样的题目来申报的时候，比如检索"乡村振兴和战略"、"自治、法治和德治相结合"这两个题目，2019年社会学里面有人申报，管理学当中也有人申报。民族区域自治立法方面，民族学、法学都有人申报。同样的题目，如果不在指南里面申报，到了扎堆的时候，竞争会非常激烈。所以如果我们适当做交叉，有三四个学科就能做了，精力足够可以尝试一下，只要把它们打通，可申报的课题会有很多。

纯文科的理论研究或是实证研究，有很多问题不能用单一的学科去看，比如说法学中的问题要看看政治学，在民族地区从事研究，民族学、人类学的东西要是不懂，你的专业知识怎么跟当地的实践相结合？到地方参加工作之后，所有的东西都要跟地方和高校的需要相结合，一方面要让路越来越宽，还要能保障写的文章越来越多，而不是越来越少。所以从第一个方面逢题必报来说，是很有必要的。

二、由小到大：课题级别需要不断申报去积累

课题的级别是需要我们不断积累才能获得提升的。你不能说我一开始就报了一个国家项目，接下来该报什么呢？一般的人刚开始能够中标大项目的可能性是比较小的，从经验或者从其他的方面来说，欠缺实践经验，自然难以拿下好的项目，除非你有一个很强的导师能给你非常大的帮助和指导。

课题由小到大来报，我们能拿到的最终资助经费会远远超过上来就拿国家项目的同事。如果我们真的拿到了一个国家项目，接下来很可能学校的校级项目就不会再给我们，厅级项目甚至是限期的省部级课题也不会落到我们头上，因为学校要考虑整体实力的提升，而不是让哪个个体变得强大。现在国家项目结项越来越难，但是从小项目到大项目按部就班，单位却乐意去培养人才。校级项目完成之后再适当地扩充，在积累的基础上申报厅级或省部级项目，我们的经验就能积累得越来越多。

三、运气源于思考：课题申报中的创新性因素

有的老师可能会说，我中不了课题是因为运气比较差，实际上课题突出的是创新性的元素。那么有的老师又可能会说，所有的课题或是论文，怎么样去实现创新呢？其实如果我们有时间，特别是碎片化的时间，等公交车或下课休息时，关注一下朋友圈分享的信息，没准就能看到一些信息。

平时我们应该多看看上年度中标的课题，有时间可在立项信息数据库里面检索关键词，检索出来之后认真学习立项题目，通过梳理近两年的中标题目，思考一下这几年课题都有什么样的变化。有条件的话打印出来，好多课题恰恰就是好文章的题目。

没有拿过大课题、CSSCI刊发表论文不多的老师，要是苦于寻找选题，可以盯着每年的国家社科基金、国家重大招标、教育部的规划项目、教育部的重大招标或者各省尤其是新一线城市、副省级城市的课题信息，关注自己的学科领域。每天花十分钟左右的时间，只要坚持三个月，我们寻找课题的能力绝对会突飞猛进，论文也一样。不知道大家观察过这种现象没有？那些花钱发表的，每篇文章只有一页两页版面的杂志，有些文章的题目很好，无论谁从哪个方面看，都会觉得那是篇好文章，但真正读完，所有人都会认为这篇文章完全没有写好，思考不到位，理论提升没有上去，整体流于平庸。

论文的写作需要长期的训练，不是短期内能够突破的。有很多人会说他的国家社科基金一个晚上就出来了，报上去就中了。我们千万不要被这种假象迷惑，运气源于思考，在这一个晚上之前，他最起码有半年的时间在思考问题，绝对经历了一个非常痛苦的阶段，不可能说一下子就把课题想出来了，也不用修改。现在各所高校里博士越来越多，一般

的省属重点院校博士比应该超过60%，有的学校博士比可能达到80%。但10年前的博士比例有这么高吗？所以竞争的惨烈程度大家都能体会得到。

每一代人的成长过程都会经历痛苦的事情，所以说某个年龄阶段的老师如果不在职称或文凭上突破自己，后面的路可能会越来越难。

四、定向申报：什么样的课题申报可志在必得

有的老师可能会说我报课题很难，因为我们学校受限制，所以在报的时候，比如说国家社科基金历年来都没有人报，教育部课题也没有人中过，怎么办呢？我觉得有一些院校性质比较特殊，可以理解，但绝对不是没有突破的可能性。

每所高校基本上都应该拿过教育部项目，国家社科基金这几年立项多了，80%的高校应该也都得过。限制申报的项目，能够出校就有机会，有的省份一般的本科院校，国家社科指标只有五项，冲不出校内，立项的机会就没有了。但对特殊地域和行业院校而言，有一些定向申报的课题基本我们只要申报，拿到的可能性就比较大，比如说西部课题或者一些边疆省份单独设立的课题。

还有一些是国家民委院校或公安院校，这种行业内的高校，因为有比较独特的内部资料，所以在立项的时候会有一些照顾。比如司法部、法学会的这些课题，政法院校立项的就特别多。行业院校有独特的资料信息来源，比如公安院校的专业老师一般是三年就要到外面警务实践一年，工作之便拿到的资料也就比较独特。一般的院校如果从事相关研究，没有这种行业优势，拿不到想要的资料，研究的难度当然就大。所以我们有这样的资料优势，国家又有实践的理论需求，在报课题时，理

论跟实践相结合，课题能够回应现实中的问题，这样的课题想不中都不容易，如果有申报机会一定要把它拿下。

在高校里，如果你能拿到几个省部级或是拿到一个国家级的课题，职称方面最起码可以解决副高职称。副高职称解决了，在申报高级别课题的时候就更有优势，所以这一步我们要努力跨越，突破障碍。

五、反向收获：将失败的申报转化为论文

有的老师可能会说，我每次课题都报，但每一次都失败了。即便包括职称比较高的老师，谁也无法保证申报出去的课题报一个中一个，这种可能性几乎没有。文科相比理工科来说失败还是比较少的，理工科做多少实验才能成功，基本上是99%失败，仅有1%成功。

申报出去的课题，失败算是日常性的一种过程，当然不能说这种申报失败的课题就没有可取之处。凡是申报的课题，我们都应该再努力一步，把招标书里面研究内容的部分做成论文的一个框架，及时把它写出来，不浪费每一次努力写过的申报书。

一个省部级课题要产出一篇核心期刊论文，如果写不出，发表不了，这个立项不成功的课题不就证明了评审专家的眼光吗？我们前期的成果如果没有几篇核心论文，证明不了自己的实力，省部级课题又怎么可能能立项？

一般写申报书的时候，除了自己在电脑上看的论文，能打印出来需要精心看的材料最起码需要一包打印纸。看了2000多页的论文，自己课题的综述不就是论文最核心的问题导入吗？问题研究的点都发现了，这样的一篇文章，我们就没有理由浪费，一定要尽快把它转化成学术成果。我们每年可以报多少个课题？如果想报基本上每个月都可以报一

个，报十个课题就按50%或10%的成功率，每年也最少能中一个课题。那九个不中的课题又成了九篇论文，慢慢地，科研积累有了，我们的学术之路也就走上了正轨。

课题没申报成功不代表我们的课题申报书就没有可取之处，申报书的核心创新点还是有存在的价值。每次课题申报失败的人那么多，我们凭什么就不能失败一次？次次都能申报成功课题的"神仙"，到目前为止还不存在。因此，我们千万不要纠结申报失败的结果，不浪费申报文本才是最大的申报收获，而课题申报最大的成功之处就在于我们多了一篇核心论文的框架。

将失败向成功转化，秘诀只有三个字——写！写！写！把申报书最核心的创新点以论文的形式表达出来，换一个赛道，交给期刊再冲一次，成功就源于一次次的坚持。

六、串起来的成功：将积累的论文梳理出课题

学术上的成功是可以串起来的，点线面的结合，可以通过一定的方式奋斗实现。我们可以将积累的论文梳理出课题。有的老师可能会说我报课题只有10%的成功率，怎么办？如果每篇文章按15000字来算，10篇左右基本上也就等于一本专著了。围绕一个主题来写的论文，如果仔细梳理，按照专著的框架把它扩充，其价值就凸显出来了，比发表一篇CSSCI刊的价值更大。如果一年的时间我们都是在对自己做反思，就能发现自己学术积累的方向点，把自己研究的强项和研究的领域准确定位出来，成功也就被串起来了。

还有一个普遍的问题是，有的老师可能会说论文没有发过或者只发了几篇，这个问题怎么破？这实际上就回到了另外一个话题，我们可以

把这10篇文章15万字，适当精简到20万字之后，报教育部的后期资助、国家社科基金的后期资助。后期资助没有会评环节，直接进入最后的终审评审，50%的成功率就已经有了。在学术研究进程中，如果出现上述情况，成功离我们就越来越近了。

重大课题的申报，需要早做准备，我们如果准备申报下一年度的国家社科基金的后期资助项目，专著修改工作至少应持续半年。每年申报公告发布到交材料，时间相对有限，手上如果有10篇左右文章还没有发表的，强烈建议申报后期资助类课题。把框架梳理成高级别的课题，实际上也就是增加了理论性阐述和综述两个部分，工作量并不大。

大家在做准备的时候一定要有信心，还要体现出自己的学术特色，每个院校都有自己的强项，每所高校的图书馆里面都有一些镇馆之宝，一定不要浪费了，要做出特色，提早准备。还有一个重要的点是：要把质量提升上去，一定要树立信心，一步一步地积累和沉淀，成功早晚会到来。

简单做一个总结，对高校工作有追求的老师，每年应该有一个最低的目标，比如要发表四篇论文，一CSSCI、一核、一扩、一普，就是每年最起码要发表一篇CSSCI刊、一篇北大核心、一篇CSSCI扩、一篇影响因子较高的普通刊论文。

七、拿着论文报课题：将框架梳理成高级别的课题

三个月左右的时间写一篇论文，大家觉得这个要求高吗？一年四篇论文，大多数博士毕业时在30至35岁。我们的文章也有大小年，有的时候发表得多一些，有的时候发表得少一些，那么按30年工龄来算，退休的时候各人基本上就有了100篇左右的文章，专著最少也有两本，省部级

课题最少也应该有5到6个。

实际上大家只要用心，申报课题多了之后慢慢水平也就高了，10年的时间，实现60%的中标率时，我们的课题最起码有40个左右，国家课题早晚都会拿下。

大家可以观察一下，多数学校里不少老师也是在50岁左右才拿到国家课题的，当然这跟他的研究底子有关，与所受的教育也有很大的关系，但前提是每天要投入一定的时间，看期刊看论文分析课题，去实现双向互动，让它良性循环。

所以说硕士阶段只要我们不是混过来的，有一定的基础，5年之内绝对能拿到省部级的课题；博士毕业5年内绝对会拿到国家课题。要不然，我们就应该反思一下自己的学位是怎么得来的了。

高产不是梦，这种双向性的互动应该是长期积累、不断思考、不断逼着自己成长的机会。我着重强调的是课题论文双向性的互动，大家可以结合自己的情况，针对自己的问题具体分析。

05　同事发论文的那些期刊，你也可以试试

期刊的选择是无数次试错的结果，如果不愿意花太多时间，最简单的方法就是按图索骥。大家都在一个屋檐下，他硕士入高校，你也硕士进高校，人家都能发表论文，你为什么不能？但如果人家是博士毕业，那就没办法再比了；人家导师是长江学者或校长，你导师就是个博士生导师，还是非"双一流"高校；人家导师发文章完全是约稿，顺便还能把他捎上，你导师全靠硬投，靠实力吃饭，所以你继承导师风格，坚定地认为，这辈子一定要靠走投稿系统，闯出一片天地。

一、本校老师的论文投到哪里你就投到哪里

本校老师的论文投到哪里我们就投到哪里，这是论文发表中最实用的方法，根本不用去检索期刊，只要论文研究方向大体相似，质量总体说得过去，就可以放心投稿。

经过无数老师的试错，该校科研人员水平行还是不行，编辑早已形成了共识。本校的科研人员早已走出了一条路，稿子质量要求如何，期刊是否有猫腻，等待多长时间出刊，如何搞定投稿乃至提前出刊，问一问自己靠谱的或不是同年评职称、没有竞争关系的同事，所有的问题都不是问题。

如果经常检索期刊，我们会发现一个很有意思的现象，某本期刊的

文章差不多都来自同一所院校，硕士生一堆，讲师又一堆。有些北大核心期刊也有类似的现象，但CSSCI期刊这种一所高校成批发论文的倒是极为少见。

在高校整顿前，院长们为了学位点评估的需要，以邀请指导、合作办刊、承办会议等方式购买一定的版面，经系统指导和修改完善后，在保证质量的前提下，还可以一期发几篇论文，但现在的难度越来越大。不过方法总是会有的，永远不要低估领导的能力，要不然博士点申报中，一所名不见经传的高校，怎么就能突然拿下一级博士点？

二、同档次（行业）高校，别的老师论文发哪里你也试着投哪里

除了关注本校教师的学术成果以外，同类性质的高校教师成果我们也要经常在数据库检索，看看他们的论文都发表到哪里。院校性质的同类性决定了论文的去向大致相同，地域差异和资料来源又各自形成一定的研究分工。

同样是在民族地区研究方面，在中央的统一领导下，一样的地方政府架构体系，但每个民族地区发展又面临不一样的问题。对这些现实问题的梳理很有必要也贴合实际，与其他学科相比，文章发表的难度大为降低。

如果我们在民族地区工作，全校研究皆以"民族"为主要对象，论文发表肯定是以民族类期刊为主。那么，我们就应该仔细梳理民族高校学报及民族相关的期刊，列出将要投稿的对象，逐一熟悉期刊风格，这样论文发表就有较强的针对性。我们可以尝试做个规划——用三年左右的时间，每家期刊都争取发表一篇，看能否实现。如果我们在体育院校、公安院校、教育类高校等行业高校，也可参照类似的方法检索，同

类院校的发展都面临一些共性的问题，论文发表基本上也有一定的相似性。

　　论文发表以同类院校为参照，省去了中间检索的过程，节约了大量时间，还有助于文章快速准确定位。同时，同行的论文发表在哪里，我们也可以投稿到哪里，哪怕专业不一样，院校性质不一样，但专业的相同性使学术研究的方法相同，这样也能解决不少难题。

　　受历史影响，一些非公安类院校也开设公安专业，比如西南政法大学有侦查专业、西北政法学院有反恐专业、甘肃政法大学有公安学院等，这些高校老师的研究也要重视。受非公安性质影响，在学术研究中，此类院校的研究有着独特的优势和难得的非公安视角，尤其值得关注。

16.民族学与文化学（15本）

序号	期刊名称	主办单位
1	广西民族大学学报(哲学社会科学版)	广西民族大学
2	广西民族研究	广西壮族自治区民族问题研究中心
3	贵州民族研究	贵州省民族研究院
4	民俗研究	山东大学
5	民族教育研究	中央民族大学
6	民族学刊	西南民族大学
7	民族研究	中国社会科学院民族学与人类学研究所
8	世界民族	中国社会科学院民族学与人类学研究所
9	文化遗产	中山大学
10	西北民族研究	西北民族大学
11	西南民族大学学报(人文社会科学版)	西南民族大学
12	云南民族大学学报(哲学社会科学版)	云南民族大学
13	中国藏学	中国藏学研究中心
14	中南民族大学学报(人文社会科学版)	中南民族大学
15	中央民族大学学报(哲学社会科学版)	中央民族大学

图7-2

公安类院校承担着在职民警培训任务，授课师资采取校内校外结合的方式，校外人员讲授时会有不同的思路，有时间的话不妨多去听听。"三人行必有我师"，一线实务人员总结的经验对理论研究更有启发作用，是难得的学习机会。

为论文找"婆家"花的时间比养大孩子要多得多，能快速找到一些捷径，省下的时间就可以读读书、开开会、出去调研走访，看万卷书更要行万里路。*不同高校的学者都有独特的特点，慢慢学会找特色，把握好学术的同质化与差异化，再难的路都可以走下去。*

三、高职高专发核心，定位准了再难也能走下去

在编辑部论文录用发文的序列中，不成文的规定是专科学校排在末位，尤其是数量最为庞大的高职类院校教师处境最难。高职院校教师在核心期刊发表论文，难度非常大，但不见得就没有机会。

在一些一线及新一线城市的高职院校，博士还是非升即走，科研压力并不比"双一流"院校小，有得有失，收入高额安家费就要努力去完成考核指标。理工科有科技前沿的优势，论文发表以技术优先，外语好可以关注SCI、CIISS、CSSCI。文科的教师就要错位发展，不断打磨适合自身院校特点的选题，选对合适的期刊，只有定位准确，才能闯出一条路来。

*期刊选择要讲究"门当户对"，不能自找痛苦。*在期刊选择时，对于有把握的高质量文章，我们可尝试向北大核心中专门面向高职高专类收稿的学报投稿，如《职教论坛》《职业技术教育》《教育与职业》《中国特殊教育》《中国职业技术教育》等核心期刊，这些期刊主要用稿与职业教育相关，而研究此类问题的高校也相对集中，除去个别"双一流"高校的教育学专业外，非专业的高校不会专门研究，竞争压力明

显降低，成功的概率也能提高不少。

　　当然期刊的选择不同，论文的选题也就有差异，研究方向就要调整，在什么山上就唱什么歌，错位发展才能在激烈的竞争中胜出。

　　在职业院校，如果我们从事法律教学，职业教育中面临的一切与法律相关的问题都是可以研究的，比如当下国家推行的初中毕业普通高中与职业高中分流，一些家长的不满与抵制等问题，作为专业人士，适时回应社会热点不就是论文研究的方向吗？

　　国外的职业教育怎么做？大家都说德国好，那么到底好在哪里，对中国有什么启示意义？在打压辅导机构方面，很多亚洲国家都在怎么做，效果怎么样？在教育国际化的大背景下，国内升学率不变，就总有人要读职高，这部分家长如果不愿意被动选择，就有可能送子女出国读高中，导致资金、人才外流，这个问题如何解决？细细思考下来，一篇篇论文思路就全在来的路上。

06 全文都用红笔一一修改过，我被导师震住了！

本科或硕士低年级时，多数人对论文都没有敬畏感，每个人差不多都是这样过来的。未来干什么，可能随时会变，专业领域可从事的工作太多了，选择权在我们自己。当然，个人的选择还是会受到国家政策、国际关系的影响，但文字写作能力和资料检索能力是硕士生的基本功，这个基础打不牢，再高的楼都会建歪。

硕士二年级时去导师家的一次经历，彻底改变了我对学术的看法。研究生院让提交的一份表格需要导师签字，和导师约好时间后，我准时到达。导师示意我坐下，他刚吃过早餐，坐在桌子边，一边等我一边用红笔修改论文。我顺势看了一眼，大大小小的红色字迹，密密麻麻，仅七页的论文全线飘红，当时我就怔住了。论文发表不久，被人大复印报刊资料转载，再后来，该成果拿到省级哲学社会科学优秀成果一等奖、国家民委优秀科研成果二等奖。

如果感兴趣，我们可以慢慢观察一下，学术领域的一些大家，基本上都是这样的人。我进高校十几年，一路磕磕绊绊，慢慢也悟出一些科研经验。

一、论文不打印出来检查三次，不要着急投出去

论文修改到什么程度才算合格？每个人有不同的意见，有的人不修

改十遍内心这道关就过不了，有的人一边写一边修，只要没有错字、别字就大胆投出去。从完全修改的角度看，电子版本修改与打印版修改是两码事，打字的输入法选择、半角、全角、字体等在电脑上看不一定能检查出来，而打印出的纸质版，问题一下子就暴露出来。我们在纸质版上修改后，最后在电脑上再做调整，反复修改三次左右，基本上就可以外投了。

论文投稿出去之前的决定权在自己，投稿出去之后的决定权在别人，所以我们在自己能做决定的时候就要好好把握，不要因小失大。论文的内容很重要，论文的文献引用格式、字体大小、间距、段落序号等形式更重要，被形式影响到内容，就得不偿失了，这种事情万万不能干。

二、论文的质量永远是第一位的

编辑部的主编4年左右轮岗一次，编辑也不可能永远只做编辑，越专业的人越看重专业。类似于南方某省两家核心期刊编辑部主任被判刑，北方某城中介遍地的情况还是少数。多数期刊编辑都是有一定品位，有学术担当的业务型专家。在学术大发展的背景下，编辑部里的博士比越来越高，可以毫不夸张地说，那里基本上汇集了学校最有才的人。

越是有地位、有水平的大家对论文的质量越格外关注，论文就是脸面，就是学者在学界立足的资本。不信大家可以看看网上关于抄袭的相关信息，最先发现别人抄袭的都是论文作者。打开知网，你第一步要做的会是什么？不少人可能第一步会先查查自己论文的引用率、下载量，圈子里的自娱自乐只有圈子里的人才懂。

十几年前，我的硕导经常讲的一句话是，论文发不了是水平不够，水平够了就能发，别人还会向你约稿！无论竞争多激烈，实力永远是第一位的。即使这家期刊不发，别的期刊也能发。好的论文，编辑部也是要抢的，期刊的竞争压力比学术界更大。

07　论文是否修改到位，自己的感觉最靠谱！

论文修改到什么标准，就可以放心投出去？每个人都有自己的理解。好论文是修出来的，这句话人人都知道，可如何去修，到底修改到什么程度，却不是每个人都能明白的，操作起来也不简单。不知道如何修，就不敢轻易动手去修，别人指出了修改建议，如果理解不到位，可能想修改也同样修不了。

个人的能力是有区别的，学术水平也是有阶段性的，我们不能用一把尺子去量所有人，只要使出自己现阶段的"洪荒之力"，不管论文是否真正修改到位，都可以放心投稿。检验论文是否修改到位，下面三种直观的感受也许能给我们启发。

一、论文真的修改到位，就舍不得再投拟定的目标期刊了

论文修改完成前后，我们自己怎么读都会觉得自己厉害，沾沾自喜于论文修改已达到自己的最佳水平。当论文完全修改到位，真的达到自认为的投稿期刊标准后，在投稿出去之前，估计很难下决定投什么样的刊物，能投北大核心的，还想着尝试再努力投个CSSCI试试，万一中了呢？

修改到位后，自己就能明显感觉水平确实提了一个层级，忍不住想表扬表扬自己。如果不急着课题结项，论文不是追热点的那种类型，更

不急着评职称的话，不妨冲击更高级别的核心期刊试试。只要把握好论文的投稿期，说不定真能创造奇迹。

2017年寒假期间，我用心写了一篇论文，可以说从来没有那么用心过，前后用时半年精心修改，抱着非投稿CSSCI期刊不可的目的往外投。只可惜，前后有三家期刊拒稿，有两家期刊更是懒得理我，有一家期刊在两年后回我信息，告诉我初审不过。

有一家最有可能用稿的期刊回复，写得很好，论证有力，但选题太过小众，与热点不相干，出刊后引用率难以保证，建议另投他刊。就这一份真诚的回信，让我感觉到这篇论文还是可以再试试，我选择继续他投。两年半后，这篇难产的文章终于刊发于某CSSCI期刊。

在漫长的等待期内，我还向一些征文大赛投稿，最后还得了个中国法学会中青年法学创新论坛三等奖，在上海交通大学主办的大会发言。当时，我引起了《中国社会科学报》编辑的注意，会后他发来约稿函，于是我将论文部分修改后投出，一个月后顺利刊出。后来收到一笔稿费，当看到汇款单位一栏写着《中国社会科学报》编辑部时，我近三年的心结，才算是解开了。

二、论文修到怎么看都不满意，恨不得丢到垃圾桶去

论文修改到一定程度，容易产生逆反心理，看别人写得都比自己好，差距产生的自卑感让人时不时就想把论文丢到垃圾桶去。

期望的目标与实际修改有差距，此时尚未达到设想的理想状态，仍需继续努力。论文修改阶段，我们还需要看大量的期刊论文，通过阅读高级别的论文审视自己的论文，从心理上要知道差距在哪里，如何进行下一步的修改。

相信大家在论证国家课题的路上已经进行了很长时间了，这段时间都很辛苦，可是辛苦到现在，不少人大概都有放弃的想法了，为什么会有这种想法呢？两个字——难、累！

其实现在这个时候有放弃念头很正常，因为我们正在爬坡，越往上爬，路越难。不少人在写国家基金申请书的时候，总有放弃的想法；实际上写论证或是写综述，即使框架已基本敲定，都会突然反问自己：我这个选题有意义吗？我这个选题能拿到国家社科基金吗？我这个选题够理想吗？最后，在不断怀疑自己的过程中，慢慢对自己失去了信心。

请大家相信，渡过了这个难关，我们的水平一定会上一个大的台阶。

那么在前进的路上，我们怎么样来衡量自己确定的选题是否重要，是否能成功通过评审呢？不少小伙伴在群里都发出了心声："选题和题目，真的决定了论证的方向和研究的内容……以往所有的课题论证看起来都是……感觉这是一次洗礼。"那么话又说回来，国家社科基金的本子，究竟什么样的选题能够被成功立项呢？结合个人申报课题多年的思考，我觉得我们的选题是否有价值，可以从三个方面来衡量：第一，是否有理论深度；第二，是否有现实需求；第三，是否有充足的资料支撑。

三、当自信爆棚时，有没有一篇综述也想发核心的冲动？

论文修改到最后，真正到位时，估计我们的野心就有点大了，即使一篇综述，在自信满满时，也幻想着能发到核心期刊，最好还是能发到CSSCI期刊上。

当然，核心期刊不是不发综述类文章，问题是论文是否到了能发核心的水平。综述的写作对作者的要求较高，既要熟悉前沿动态，又要对已发表论文有较深刻的理解，综述的引用率普遍较高，但发表难度也大，综述写作要引用的文献多，论文观点要自己提炼，稍不留神文献复制比就会升上去，论文查重不过关，自然难以成功发表。

研究综述发核心有其可能性，但能把综述发到核心期刊上，论文写作水平就真能提升一大截。截至目前，中国知网综述下载量最高的论文为张淑华、李海莹、刘芳的《身份认同研究综述》，发表于《心理研究》2012年第1期，下载量29576次，引用905次。周飞燕、金林鹏、董军的《卷积神经网络研究综述》，发表于《计算机学报》2017年第6期，下载量56535次，引用2240次。所以，能在核心期刊特别是CSSCI期刊上发表的综述，作者一般都是该领域内的大家。

08　论文修到最后，水平都体现在题目和摘要上

　　论文的投稿是个细致的工作，投稿前除按期刊要求，参照期刊最近几期格式修改完善格式外，还要反复修改论文题目和摘要。行百里者半于九十，论文修改到最后，水平都体现在题目和摘要上面。尤其是在论文初审环节，最先吸引编辑的是论文题目，和申报课题一样，题目好代表选题好，如果题目不行，编辑有时间的话会再看看摘要，没时间的话，大家费时费力写的论文的命运就不可捉摸了。

　　因此，牢记一句话：如果不是名家，千万不要随便失败！论文投稿出去录用不了，会严重打击科研工作的积极性，可能过不了几年，评不上高级职称时，就该想着如何找地方改行或干脆混日子了。

一、好的论文题目是建立在反复阅读的基础上，是论文创新最为精准的体现

　　论文题目、论文大小标题如何定位？题目外延和内涵不知道怎么确定，写着心里没底，加个副标题吧范围太小，不加吧题目太大。把论文题目适当更改，使其更具体，但怎么改？对论文还没有确定想写的内容，仍处于迷茫状态，题目更无从谈起。

　　无论论文投稿到哪个期刊，都不能自始至终一个名字，为提高投稿的命中率，我们可根据拟投期刊近一年的题目特点微调，除对照目标期

刊格式完全修改参考文献外，还要在精读与泛读的基础上对题目和摘要进行修改。

受学科影响，不同的学科确定一个好的论文题目都不是件容易的事。某些专业性强的特殊的学科更复杂，如法学论文的题目和现在的司法文书一样，专业理论之上的话语表达方式让外行越来越看不懂。在论文修改阶段，不少人总觉得题目有问题，心里清楚问题出在哪里，但盯着电脑怎么看都不知道如何去修改。破解的方法还是老套路——多看多想！

当然，不同的学科有不同的特点，论文题目的修改要结合学科、期刊、热点等一起展开。论文的题目也需要凝练得越来越到位，以下几篇论文的题目，外行随便看一眼估计都能被吸引住。

社会学：

林昱瑄：《做学术、做妈妈：学术妈妈的困境、策略与智性母职》，《台湾社会学刊》，2019年，第125—180页。

廉思：《时间的暴政——移动互联时代青年劳动审视》，《中国青年研究》，2021（7）。

陈晨：《熬夜：青年的时间嵌入与脱嵌》，《中国青年研究》，2021（8）。

社会学论文有很强的吸引力，很多人看一眼题目都停不下来，透过题目看到的是"故事"。

《做学术、做妈妈：学术妈妈的困境、策略与智性母职》这篇论文，题目将内容抽象地反映出来，如果把论文题目改为《高校青年女教师：职场困境、策略与角色》，从冲击力上看就没能完全体现出来。

时间的暴政，更是用强烈的贬义词"暴政"，凸显快递、互联网、高校三个行业在时间方面对青年群体的影响，从国家治理高度提出构建青年权益保护机制。

熬夜在当下青年群体甚至老年等不同群体中都是司空见惯的现象，《熬夜：青年的时间嵌入与脱嵌》一文将其单独抽离出来，以平常衬托出不平常，抓住了论文的灵魂。

政治学：

杨竺松，燕阳等：《中国共产党干部选任的能力导向——来自省委常委的证据（1983—2012年）》，《政治学研究》，202（3）。

政治学的题目与社会学风格完全不同，多从治理研究、政治参与、比较政治等角度切入，研究理论性较强。

法学：

余凌云：《交警非现场执法的规范构建》，《法学研究》，2021（3）。

白建军：《论刑法教义学与实证研究》，《法学研究》，2021（3）。

冯洁：《大数据时代的裁判思维》，《现代法学》，2021（3）。

李少文：《国家监察体制改革的宪法控制》，《当代法学》，2019（3）。

叶静漪，李少文：《新时代中国社会治理法治化的理论创新》，《中外法学》，2021（4）。

蒋银华：《习近平法治思想中的依法执政理论》，《法学评论》，2021（4）。

卢建平：《犯罪统计与犯罪治理的优化》，《中国社会科学》，2021（10）。

左卫：《后疫情时代的在线诉讼：路向何方》，《现代法学》，2021（6）。

论文修改到最后，题目就是论文创新点最为集中的体现。精修时，要把此领域核心期刊的相关论文，相关学科的论文题目全部快速过一遍，看看他们的摘要和关键词，把属于你的亮点提炼出来，题目就能最终敲定。

当文章发表后，扭扭僵硬的脖子，摸摸日渐长大的过劳肥肚子，方能体会出古人"吟安一个字，捻断数茎须。险觅天应闷，狂搜海亦枯"的艰难。

在修改阶段，我们需要反复研磨相应学科近年论文题目，从整体上梳理所学论文框架，不断微调，最终确定论文题目。

二、摘要应契合论文主题，将论文核心内容浓缩出最精华的部分

期刊编辑对摘要要求较高，总体上都要求摘要用200字左右的文字将论文核心内容完全体现出来，让读者在较短时间内领会论文的精粹。实践中，不同的期刊对摘要的写法并不完全相同，在投稿环节，对摘要部分要格外关注，尽可能严格按拟投期刊要求做调整。

某农业大学学报的摘要写作就非常特别，之前编辑部明确要按既定的要求做调整，如：基于……通过……研究发现……研究结果表明……近年来，编辑部对论文摘要格式要求有所放宽。但无论如何要求，都是为了能让读者快速找到论文最核心的观点内容，关键词的提炼要方便别人检索，与论文内容最能关联到位，万万不能简单地把论文题目拆解当成关键词来使用。

以《新中国成立以来农民互助合作实践形态的演进》为例，五个关键词分别为：守望相助、农民互助合作、实践形态、演进逻辑、乡村振兴。《乡村司法存在的问题及对策》也是五个关键词：乡村司法、人民

法庭、农村法律、乡村治理、法律援助。

关键词应紧扣论文主题展开，不拖泥带水，将论文内容准确反映至三到五个关键词中。还是那句老话，熟悉论文，洞悉创新点，把握学术传播规律，尽可能提升论文影响力。

09 与编辑交往，君子之交淡如水

近10年来，学术群体的写作水平和学历水平都有明显的提高。在学术论文发表周期加长，在论文发表难度越来越大的当下，我们更应该围绕自己所在高校的评价标准做科研，以学校的职称评审政策为中心，以学校的科研工作导向为指引，能多写就多写，能改多好就改多好，在论文写作的全流程中学习完善。

与此同时，论文发表中离不开与编辑的正常交往，人都是讲感情的，常态化的正常人际交往遵循的是制度加人情。如何在日常的科研工作中体会并把握与编辑交往的力度，助力论文发表，一些事项我们还是要注意。

一、质量加人脉：投出去的文章一定要精心修改，发挥出自己的最高水平

论文发表以质量为第一原则，认识编辑可以加快论文发表的进度。编辑的主要工作是发现好的论文，通常而言作品与作者合二为一，没有产出好的论文，自身又没有一定的身份地位，认识再多的编辑也没用。

实践中认识编辑的途径有多种，最常见的方式主要有两种，一是参加学术会议认识，二是通过导师认识。认识编辑后，投出去的文章经过认真打磨，精心反复修改到位，将自己的最高水平切实发挥出来，不愁

编辑不主动联系你。

　　经过学术训练后，我们就能慢慢养成爱写东西和改材料的习惯，即使随便写的小随笔，也反复修改多遍，在校对修改环节，尤其要重视在打印稿上用红笔修改。论文进入最后修改阶段，我们自然会以浪费时间为耻，就连上个厕所如果长时间不出来，多半也是在看书或修改论文。

　　论文要是好，编辑部录用的速度要多快有多快，我见过发表最快的一篇CSSCI论文，从投出到录用，只用了三天时间。编辑发邮箱通知录稿，随后打电话沟通细节方面修改完善，修订后发给编辑，一个月后论文即见刊。

　　2015年以后，这样的好事越来越少，见到的听到的离奇事情不断增多，论文录用排版，但什么时候出版不知道！把文章压两年还能见刊，遇到说话能算话的编辑或主编就算幸运，推后一二期是正常。不过，如果迟迟没有确定出版时间，除了一些声誉较好的核心期刊外，我们也大可不必在一棵树上吊死，只要没有太大的硬伤，可以同步再投，有些期刊被剔除核心是早晚的事。一些时效性较强的文章，作者为了尽快发表，就会投到稿费高质量并不太差的普刊，等人大复印资料转载率高的普刊水涨船高时，发表论文也会越来越难。有些省级期刊在冲核心时，会举全校之力，请知名主编主管业务，花重金约稿，压缩有限的版面发长篇文章，这进一步增加了作者的投稿难度。

　　为了争取好文章，期刊比作者还要努力。2021年6月2日，《数量经济技术经济研究》杂志常务副主编李金华教授在《光明日报》第11版撰文《学术期刊的历史使命与期刊人的社会责任》指出，期刊在不断动态追踪中国经济重大理论问题与现实问题，在不同地区数次召开"读者、作者、编者恳谈会""稿约论文研讨会""优秀论文品鉴会"，分别就优秀学术期刊的标准、优秀学术论文的标准征求读者、作者意见。从这里我们可以看出，为实现学术的传播力和影响力，期刊比作者更拼更努力。

二、多写加多投稿：在能力范围内，评上正高前千万不能"躺平"

对于一般院校而言，没有学校的平台优势，科研工作举步维艰，化解不利因素只能是多写，能发好期刊就发好期刊，发不了就发普通期刊，看能否得到人大复印资料转载。论文投出去，如果期刊录用就会有反馈意见，根据外审结果再修改完善，经过长时间的学术摸索训练，水平自然能提高一大截。

在能力范围内，能写多少就写多少，在评上高级职称前千万不能松懈。高校的职称评审条件三五年一调整，只要领导不评，难度就会不断增加。稍一松懈，我们有可能就成了资格最老、职称最低、学历最低的那个"老人"。

当自我感觉文章修改到位后，不要放在箱子里，要大胆投稿出去，本身就没有几个人认识你，即使丢人了也没有丢在自己家里，谁也不知道，有什么好怕的？有时候还可以吹吹牛，发个朋友圈：唉，太没面子了，今天又被《中国社会科学》拒稿了！投稿时，根据论文质量，一般先投既定的目标期刊，然后再选业内口碑好的期刊，研究方向不同，细节性的小问题，只能自己摸索积累经验。

通常而言，从投稿到录用基本上一个月左右，如果一个月内仍是初审或者连收稿都没收，要么你遇到了僵尸系统，要么是论文写得特别差！自认为论文没问题的，可以大胆另投他刊，编辑真正要用的稿子很快就会进入外审。

三、多开会加多交流：外出开开会，会上如有发言机会，请务必珍惜

经费允许的话，可以多出去开开会，会议的主旨发言一般请的都是名家大家，20分钟的主旨发言干货满满，不要错过了。

全国性的学术年会或公安系统的学术年会，如有政府系统的相关负责人到会发言，一些数据信息对研究有一定的启发性，尽量参加各类领导来得少、讲话少的学术会议。如遇到视论文质量报销费用的学术论坛，就要努力改好参会论文。如果自己没有科研经费，尽可能加入校内外的学术团队，多为团队贡献科研成果，外出开会的经费就不难解决。

在学位点评估和硕士点申请的推动下，科研费用的使用对有贡献的人倾斜，也给"老实人"提供了不少机会。此外，经常能外出开会的，在学术上多多少少都有自己的一套好方法，与他人交往中，也能学到不少好东西。

会议如果安排发言，一定要认真对待，务必熟悉自己的论文，做好PPT，把最精彩的观点呈现出来。每次大的学术会议，都有期刊编辑到会，对我们的文章感兴趣的话，编辑会主动与你联系，借此加个微信或QQ，会后可以继续请教。

如果编辑对你的论文有关注，不妨借此机会多聊聊，加深编辑对自己的直观印象，可以向他多介绍自己的研究。如《法学研究》2020年第1期，几乎全是论坛专题的文章，如有好文章，在经费允许的情况下，出去多开开会是学术这条路能够顺利发展的上上之策。

时间不允许的话，可以先在网上看看学术会议议程及会议报道，如果朋友圈有人参会，可以联系联系获取会议分享的PPT或电子版论文集。疫情以来，不少会议都在网上举行，各种学习的机会比平时增加了很多，有时间的话，尽可能多参加。人文法律社科的研究有些方面是相通

的，不同学科对问题的研究具有一定的相似性。

目录

马克思主义法学专论

人民法院改革取向的审视与思考	顾培东;	3-26
支持理论下民事诉讼当事人法律意识的实证研究	冯晶;	27-51

2019年《法学研究》论坛专题

法学研究目标受众选择的大数据分析	周翔;刘东亮;	171-189
裁判文书援引学说的基本原理与规则建构	金枫梁;	190-208

司法审查中的滥用职权标准——以最高人民法院公报案例为观察对象	周佑勇;	52-66
行政诉讼给付判决的构造与功能	黄锴;	67-82
混合共同担保人相互间无追偿权论	崔建远;	83-99
我国民事自认的非约束性及其修正	段文波;	100-116
人工智能与事实认定	栗峥;	117-133
共犯人关系的再思考	张明楷;	134-153
故意伤害案件中赔偿影响量刑的机制	高通;	154-170

图7–3

四、学会推销，有空多发发朋友圈，货好也要销得快

如前所述，编辑感慨好论文少，作者说投稿系统是僵尸系统，二者都有一些牢骚话。为吸引优秀作者，不少核心期刊编辑部积极行动，除一两家至今连邮箱都没有的洒脱期刊外，不少编辑部都建有微信群、公众号、QQ群，邀请作者实名制入群。

为吸引优秀论文，有的CSSCI刊编辑部甚至从选题阶段就开始抢稿件，若有好的选题填写选题审核表，编辑部承诺24小时内回复，从选题阶段即介入指导和审核，编辑流程与外审专家对接，直接参与指导前期稿件写作。

多数编辑部还不定期邀请专家与优秀作者开展论文讲座，指导微信群内有潜力的作者写作论文。有的编辑部还根据社会热点牵头组织学术

年会，设置优秀论文奖，以丰厚的奖金及优先发表等条件，吸引优秀论文作者积极参与。

基于此，我们更应多多关注本领域相关核心期刊的公众号，在休息的时候或等地铁、公交车的零碎时间，都可以认真看完几篇论文。养成习惯后，把碎片化的时间完全利用起来，效率也非常高，有想法时可以直接以微信分享的方式表达出来，思想的火花要通过合适的时机展现，等积累到一定的量时一篇不错的论文就成型了。

如果加入了某期刊的微信群，不妨在群里活跃一些，论文写好后可以先发个题目到群里，看看能否吸引编辑注意。在一些期刊建立的微信群里，也有不少其他期刊的编辑，只要文章足够好，总能为论文找到理想的"婆家"。

在论文写作中，适当的宣传也有必要。酒香也怕巷子深，有时可以当一次王婆，多卖卖自己的好瓜。论文写得开心时，也可将半成品发发朋友圈，感兴趣的时候编辑就会联系你。都21世纪了，货好更要销得快才是当下竞争力最强的表现。

此外，在学术高度竞争且不断同质化的背景下，当占有独特的第一手资料，选题或研究思路角度较好时，我们在适当的时机可以先发发朋友圈，证明除了微信步数没走，思想已经走了好远。以官宣的方式告诉同行，我们最近在研究什么，研究进行到什么阶段了，资料收集得怎么样了，可提前占个萝卜坑。实际上，言外之意很明显，就是告诉同行，不要和我争了啊，还有好多有意义的重大选题都可以研究，不少论文都能写……

后 记

　　博士毕业后，我从西南某地市高校被引进到湖北一所省属重点高校任教，难度颇高且多变的职称评审条件，让一群副高职称的博士们玩命地干活。在选任硕士生导师后，我不但自己要出学术精品，还要指导学生顺利拿到学位。随着教育部对学位论文质量的要求不断提高，学生毕业的难度及面临的问题似乎越来越多。等我走上系主任的工作岗位之后，还肩负起引进人才、留住人才的职责，而留住人才就要想方设法让年轻的博士们在学术上更快得到认可。

　　进入高校工作十几年，我深度思考问题就是博士毕业后的那五年，为团队年轻的博士找职称申报所需的课题、为硕士生申请国内外博士提供机会、为本科生推免研究生创造条件，这是我日常工作中绕不过去的中心话题。在不断思考与学术相关的问题时，我能清晰地感觉到自己和团队的成长。一次偶然的机会，我看到"老踏科研联盟"创始合伙人张夏恒在某微信群中发布的招募团队主讲的信息，便试着将个人的相关重要学术成果整理后发了过去。后来的事情就明朗了，承蒙学术链团队抬爱，我很快就进入战斗状态，不经意间，三年多过去了，大仗和恶仗打了不少。

　　在三年多的时间里，我一方面将所思所想付诸校内实践，个人前后成功申报了五个省部级课题，指导的硕士有不少也顺利成为国内外博士生。另一方面我也多多少少帮助了一些朋友完成了职称规定的论文课题要求，顺利晋升高级职称。所以作为学术辅导的副产品，本书在预料之中，也在预料之外。为了节省时间，少讲论文中的共性问题，我早就想把积累的经验转化为文字，要不是老踏和浙江人民出版社的史守贝老师的邀请，估计本书的面世还要等更长的时间。

作为预料之中的写作计划，尤其是一本不在官方评价体系之内的出版物，主要有以下几个原因：

一是"懒"。我身在高校，2019年之前工作在法学院，2019年之后又到了公安院校，先后面临的问题都有所不同。学生有学生的问题，当事人有当事人的问题。几乎每天、每月都会碰到相似的问题，每每疲于应对时，我感觉自己就是鲁迅笔下翻版的"祥林嫂"，要不断重复着同样的话。

十几年的大学老师身份，面对的学生成千上万，自然有苦亦有乐。当学生成功时，我真心为他们高兴，但遇到不思进取且自甘堕落的学生时，更深深为他们而惋惜。在大学四年普遍被人为地变成了三年后，在学生都忙于考研、考公、实习、赚钱时，学术研究就被放到一个尴尬的位置。与研究生的论文相比，本科生的论文更是如同鸡肋一般的存在。明知山有虎，偏向虎山行，当我所有的引导、努力都无能为力时，那种心痛最让人感伤。

为解决上述问题，在闲暇之余，我有意识地将两种工作的所思所想写下来。当有类似的问题时，我便发个链接过去，能解决问题时就可偷点懒，不用再当"祥林嫂"。对方依然有解决不了的难题时，再见面，进行有针对性的访谈解答。

我再不愿看到，每每毕业季，学生埋怨老师不辅导，老师批评学生是榆木疙瘩，互相不待见。回头想想，大学四年，又有多少高校教过论文写作方法，即使教了，我们引导学生思考问题成功了吗？学生论文写作中的疑问，怎么更好地解答，怎么让学生在毕业前不因论文而痛苦，能让学生更好地保留对母校的回忆，收获更多的满意呢？

二是便于凝聚力量"育人"。老师再多的教诲，都不及过来人对他的启发来得更为直接和彻底。大学里最宝贵的资源莫过于校友，无论在校时的表现如何，一旦到了社会，几乎所有人都会重新审视在校所经历的一切。

毕业后，很多人在社会上摸爬滚打多年，无论成功与否，都会积累下满满的经验。我相信，假如让时光倒流一次，更多的人将会比现在更加奋进、努力，成功的概率或许更大。

因此，有机会我会邀请校友会来讲讲奋斗的青春故事，或者写点什么，让更多的学弟学妹看到学长学姐们精彩的成长经历。当学生迷茫时，用师兄师姐的故事激励下他们，及时"打点鸡血"，振奋一下人心。我相信这项工作极有意义！

根据我在某地公安机关挂职的经历，发现相对于教书育人的本职工作，办理案件更要对现实情况有更深层次的思考。高校的工资对于有更高追求、有理想、有抱负的人来说，永远都不会嫌多。通过个案关注中国法治进程，有选择性地参与推动法治进步，才是最佳的状态。

三是须及时总结经验"诲人"。大学校园充满了朝气，大学生敢干敢想，把四年甚至更长的青春年华留在了大学。在大学里成就自己的学生多，但迷茫四年的也不在少数。让取得些许成绩的学生指引迷茫的学生，他们的现身说法更能起到好的引导效果。

因此，及时将一些学生的经验予以总结，便显得很重要。人的成功多半都是被逼出来的或是与同龄人比较激发出来的，通过内部挖潜的方式，新的一代、新的想法、新的观念不断得以提升。

在新的时代背景下，高校的管理者们也要努力调整，避免真的被拍在沙滩上。在智能手机毁掉大学课堂、碎片化阅读取代一切、名利挑战单纯的大背景下，大学这一象牙之塔也正被社会万象不断冲击，课堂教学不仅仅是教书更重在育人。在新形势下，高校也要主动适应变化的市场，将有形的课堂延伸至课外。在过多强调学习，忽视情商与缺失家庭教育的大背景下，部分学生与人交往等能力明显不足。我们必须通过上述方式，逐渐引导学生将智商与情商合而为一，缩短迈向社会的适应期。

同时，网络无边界，本校的经验也可为他校所用，互利互补。更为重要的是，我所指导的硕士生及本科生更直接地参与了上述经验的总结提炼，也可让其更快地成长。在此，我要感谢广东警官学院法学专业的曾海彬、马嘉琳、刘兆泓等同学，正是他们帮我分担了很多琐碎的事务，让本书能更早地完成。特别是马嘉琳同学，他以超出了警务专业的执行力，帮我收集了分散在网上的讲座的初始版本，做了不少前期的校对工作。

需要说明的是，本书写作中引用了不少相识同行的大作，在此表示感谢，分析失当之处也敬请谅解。同时，书中也拿出我自己的一些很差的文章来"解剖"，主要是为了说明写作过程或论文形成思路，没有任何"炫耀"的意思。学术之路，原本就荆棘丛生，个人经验也多半是从失败中获取的，仅供大家批判。

原想着这本12万字的书稿能很快就完工，书中的部分内容我在学术链团队做过十几次讲座，但设想的诸多美好事情，往往都忽略了困难的强大打击能力。任何一本体系化的著作，都要花费大量的时间。经过博士阶段的学术训练，再加上退休倒计时20年的开始，加之对文字工作的要求很高，所以无论史守贝老师怎么催，我都能做到"视而不见"，达不到自己的满意度，就决不交稿，因此也丧失了法律人基本的契约精神。

感谢我供职的单位和挂职的省公安厅，它们为我提供了宝贵的锻炼机会，让我在基层的一次次实战练习中感受到知识的力量，更对实战化教学有了不一样的感悟。

感谢挂职单位的领导和战友为我提供的宝贵参与机会，在有"世界工厂"之称的珠三角，上千万外来人口促进了经济快速发展，也同步带来了社会治安治理难题。警察与教师的双重身份让我能更加深入地思考问题，与战友们讨论的难办案件也激发出我不少学术灵感。更为难得的是，不同的工作经历和多岗位的历练让我的学术产出更接地气，也更好地兼顾了不同人的感受。

2021年10月　东莞